Q&A

IT化社会における
企業の 情報 労務 管理の実務

編著　末 啓一郎
　　　（第一東京弁護士会 労働法制委員会 基礎研究部会元部会長）
　　　安藤 広人
　　　（第一東京弁護士会 総合法律研究所 IT法研究部会元部会長）

新日本法規

は じ め に

　情報通信技術（ICT）の急速な発展により、情報の発信、取得、そして伝達が以前に比べて容易になりました。この結果、企業がビジネスを行う上で、情報保護の重要性が急速に高まっています。情報保護の必要性に伴い、関連する法整備も進展しており、企業活動におけるこれらの法律の遵守は不可欠です。しかし、労働と情報の交錯に関する実務的な法律問題を扱った専門書はほとんど存在しません。このギャップを埋めようと、第一東京弁護士会の総合法律研究所IT法研究部会と労働法制委員会基礎研究部会に所属する弁護士が、それぞれの専門知識を活かして、本書の執筆を行いました。本書では、その中でも特に、「データ（情報）」と「就労者」に関する法律問題にスポットライトを当てました。

　「就労者」との語は、労働法分野ではあまりなじみがないかもしれません。しかし、働き方が多様化している現状を踏まえ、本書では、「労働者」として、企業と雇用契約を締結した「労働者」に加えて、その周辺にある働き方である派遣社員や業務委託として企業において業務従事している者、さらにはギグワーカーなど、その周辺にある働き方をする者についても検討対象に加えています（なお、労働者については会社との関係で解説する場合「従業員」又は「社員」と呼ぶこともあります。）。また、必ずしも雇用契約を締結している間だけが問題となるわけではないため、採用前の人を「応募者」、雇用契約終了後の労働者を「退職者」、「被解雇者」と呼ぶこととし解説しています。

　労働法は、企業法務において重要な一分野を占めており、また、膨大な裁判例、文献を背景として、専門性の高い分野となっています。一方で、情報法も、近時企業経営において重要度を増しているデータ（情報）の取扱いを対象とするなど、技術的背景の理解などが必要となる専門性が高い分野といえます。そのため、これらが交錯する分野

は、企業法務実務としては極めて重要な地位を占めています。

そこで、情報法に詳しい第一東京弁護士会の総合法律研究所IT法研究部会と労働法に詳しい同会の労働法制委員会基礎研究部会に所属する弁護士が中心となって双方の専門知識を持ち寄り、これまで解決がなされていなかった分野について積極的に取り組みました。

1 本書の構成
（1） 二つの大きな視点

本書では、「データ（情報）」と「就労者」の関係について、「企業による就労者の個人情報の取得及び利用」（視点1）及び「就労者と企業情報管理」（視点2）の視点に従って、論点を整理しました。

　ア　就労者の個人情報（視点1）

これまで就労者の個人情報という切り口で議論を整理した書籍は少なく、実務的にどのように考えるか不明な事項も多くあります。そこで、本書では、「企業による就労者の個人情報の取得及び利用」を視点として取り上げ、実務上問題となりそうな事項を網羅的に拾うことを心掛けました。

就労者のうち、企業と雇用契約を締結する労働者については、採用の場面と就業の場面では、取得する個人情報の種類や利用方法が大きく異なり、また適用される法律も異なっていますので、採用の場面と就業の場面に分けました。

また、情報については、情報のライフサイクルである取得→利用→消去ごとに取扱いを検討することが有用であると考え、採用と就業それぞれについて、情報のライフサイクルを基にした整理を行いました。

これ以外にも、実務上問題となる以下の諸点を網羅的に拾い解説しました。

① 就労者には、企業と雇用契約を締結した（締結する）労働者だけではなく、実務上も重要となる（派遣社員や出向先の労働者、更には業務委託や請負等も含めた）多様な働き方の者も含まれるものである点

② 労働者側の個人情報の取得及び取扱いだけではなく、企業側からも労働者に提供すべき情報について、採用場面、就業場面に分けた点
③ 近時の採用活動は、様々な外部サービスを利用して行われること、また就業の場面でもHRテクノロジーをはじめとして様々な外部サービスが使われている点
④ グループ企業内で出向等を行うことや、兼業副業など、複数の企業で働く場合において複数の企業で就業者の情報が共有される点。また国際化に伴い、海外のグループ企業での就労の場合などを想定し、海外の法制を取り上げた点

　　イ　企業情報管理における就労者（視点２）

　企業内には様々な情報資産が存在しており、情報セキュリティを確保し、問題なく利用できる体制にしておく必要があります。しかし、情報セキュリティ確保の観点から労務を論じた書籍は多くありません。そこで、本書では、「企業情報管理における就労者」を視点として取り上げ、労務に関する論点を網羅的に拾い、紹介しています。

　論点を拾うにあたっては、通常時とインシデント発生時に分け、通常時については、労働者の秘密保持義務等、理論的な背景を検討し、その後、情報セキュリティ確保のための対応策のうち、労働分野と関連する論点をピックアップしています。インシデント発生時については、対応策のうち労働分野と関連する論点をピックアップしました。

　これらの論点について、雇用契約を締結している労働者だけでなく、派遣社員や業務委託先社員として業務を行っている労働者にも該当するため、非典型労働を含めた多様な働き方をする者についても設問を設けました。

　（２）　HRテックベンダーについての記載

　本書では、近時急速に利用が拡大しつつあるHRテックベンダーに

ついても設問を設け、どのようにサービスを提供するべきか、業法による規制の有無などサービスを提供するにあたってクリアするべき点を明確に示しました。HRテックベンダー側の視点に立って記載された書籍は少なく、サービスを提供するにあたって有用な書籍となっています。

2　本書の形式

　以上のとおり、本書では、就労者の個人情報の取扱い上の留意点及び企業情報管理における労務管理上の留意点などについて、専門弁護士の協力体制の下にデータ（情報）と労働の観点から網羅的に論点を拾い上げ、議論を整理し解説しています。そのため、全体を通読せずとも、問題となる部分を参照すれば、一定の回答が得られるように工夫しました。

　また、それぞれの論点において参照すべきQをできるだけ示しましたので、読者におかれましては、関連するQの解説を見ていただくことで、より理解が深まるであろうと考えています。

　以上の特性を踏まえて、本書を利用していただき、実務に役立てていただくことを願っています。

2024年11月

　　　　　　編著者
　　　　　　末　啓一郎
　　　　　　　（第一東京弁護士会　労働法制委員会
　　　　　　　　　　　　　　　　　基礎研究部会元部会長）
　　　　　　安藤　広人
　　　　　　　（第一東京弁護士会　総合法律研究所
　　　　　　　　　　　　　　　　　IT法研究部会元部会長）

略　語　表

＜法令等の表記＞

根拠となる法令等の略記例及び略語は次のとおりです。〔　〕は本文中の略語を示します。

個人情報の保護に関する法律第20条第2項第1号＝個情20②一
平成17年11月4日職高発第1104001号＝平17・11・4職高発1104001

個情〔個情法〕	個人情報の保護に関する法律
個情令〔個情法施行令〕	個人情報の保護に関する法律施行令
個情則〔個情法施行規則〕	個人情報の保護に関する法律施行規則
個情GL（通則編）〔個情法GL（通則編）〕	個人情報の保護に関する法律についてのガイドライン（通則編）（平成28年11月30日個人情報保護委員会告示第6号）
個情QA〔個情法QA〕	「個人情報の保護に関する法律についてのガイドライン」に関するＱ＆Ａ（平成29年2月16日（令和6年3月1日更新）個人情報保護委員会）
〔育児介護休業法〕	育児休業、介護休業等育児又は家族介護を行う労働者の福祉に関する法律
安衛〔安衛法〕	労働安全衛生法
安衛則〔安衛規則〕	労働安全衛生規則
会社	会社法
会社則	会社法施行規則
金商	金融商品取引法
均等〔均等法〕	雇用の分野における男女の均等な機会及び待遇の確保等に関する法律
憲	日本国憲法
公益通報	公益通報者保護法
下請〔下請法〕	下請代金支払遅延等防止法
障害雇用〔障害者雇用促進法〕	障害者の雇用の促進等に関する法律

職安〔職安法〕	職業安定法
職安則〔職安法規則〕	職業安定法施行規則
職安法指針〔職安法指針〕	職業紹介事業者、求人者、労働者の募集を行う者、募集受託者、募集情報等提供事業を行う者、労働者供給事業者、労働者供給を受けようとする者等がその責務等に関して適切に対処するための指針（平成11年11月17日労働省告示第141号）
電通事	電気通信事業法
電波	電波法
独占禁止〔独占禁止法〕	私的独占の禁止及び公正取引の確保に関する法律
入管	出入国管理及び難民認定法
パート有期〔パート有期法〕	短時間労働者及び有期雇用労働者の雇用管理の改善等に関する法律
派遣〔派遣法〕	労働者派遣事業の適正な運営の確保及び派遣労働者の保護等に関する法律
派遣則	労働者派遣事業の適正な運営の確保及び派遣労働者の保護等に関する法律施行規則
不競	不正競争防止法
不正アクセス	不正アクセス行為の禁止等に関する法律
民	民法
有線電通	有線電気通信法
労基〔労基法〕	労働基準法
労基則〔労基法施行規則〕	労働基準法施行規則
労契	労働契約法
労組	労働組合法
労働契約承継〔労働契約承継法〕	会社分割に伴う労働契約の承継等に関する法律
労働施策総合推進〔労働施策総合推進法〕	労働施策の総合的な推進並びに労働者の雇用の安定及び職業生活の充実等に関する法律

＜判例の表記＞
　根拠となる判例の略記例及び出典の略称は次のとおりです。

　最高裁判所令和5年7月11日判決、判例タイムズ1516号51頁
　＝最判令5・7・11判タ1516・51

判時	判例時報
判タ	判例タイムズ
金判	金融・商事判例
民集	最高裁判所（大審院）民事判例集
労経速	労働経済判例速報
労判	労働判例
労民	労働関係民事裁判例集

目　次

第1章　労働者の個人情報の取得及び利用

ページ

第1　採用の場面……………………………………………………3

Q1　労働者を募集採用するにあたって、応募者情報の収集に関して企業側で留意すべき事項にはどのようなものがありますか。………………………………………………………5

Q2　従業員を採用するにあたって、本人から病歴、症状、治療内容など確認したいのですが、許されるのでしょうか。また、どのように確認すればよいでしょうか。………12

Q3　従業員の採用にあたり取得を検討する情報のうち、病歴や障害などに関する情報以外の情報について、どのような制限がありますか。………………………………………21

Q4　応募者の個人情報の利用目的については、どの程度、特定すればよいですか。また、プロファイリングなど利用目的についてはどのように応募者に伝えればよいでしょうか。………………………………………………………27

Q5　採用選考の過程において、応募者の情報を取得する手法に制限はありますか。例えば、第三者（大学の先輩や友人など、興信所、前職の職場）や応募者自身が公開しているSNS等の情報を取得してよいでしょうか。………33

Q6　応募者側で、企業側に提供しなければならない情報はありますか。また、企業側で応募者の経歴等が正しいものか否かはどのように判断すればよいでしょうか。………40

Q7　労働者を募集採用するにあたって、企業側で労働者に提供しなければならない情報はありますか。また、どのような方法で提供することができますか。………45

Q8 採用時に取得した応募者情報は自由に利用することができますか。また、不適正利用とされることがありますか。……51
Q9 ITを利用した採用支援サービスにはどのようなサービスがありますか。また、マッチングサービスとはどのようなサービスでしょうか。……………………………56
Q10 当社では、採用の際にAIによる応募者情報のプロファイリングを活用し、その結果を応募者の採否の判断の際に考慮しています。これについて法律上注意すべきポイントはありますか。……………………………………61

第2 雇用契約後の場面………………………………73

Q11 雇用した労働者の個人情報の取得について教えてください。取得が義務的な情報はありますか。また、取得することができる情報に限界はありますか。………75
Q12 労働者の健康情報の取扱いについては、どのようなことを考える必要がありますか。…………………83
Q13 労働者の個人情報の利用目的については、どのような内容をどの程度特定すればよいでしょうか。また、利用目的の明示はどのように行えばよいでしょうか。………90
Q14 雇用した労働者について、労働者の情報を取得する方法に制限はありますか。例えば第三者（大学の先輩や友人など、興信所、前職の職場）や労働者自身が公開しているSNSなどの情報を取得してよいでしょうか。………94
Q15 企業側から提供する必要がある情報は、どのようなものがありますか。……………………………100
Q16 労働者や応募者から保有個人データの開示請求等がなされた場合、どのように対応すればよいでしょうか。また、捜査機関、裁判所、弁護士等の第三者から労働者の情報の提供を求められた場合や転職予定先から労働者の情報の照会があった場合はどのような対応をすればよいでしょうか。……………………………………104

Q17 当社では、人事考課や配置転換等の際にAIによる労働者情報のプロファイリングを活用しています。これについて法律上注意すべきポイントはありますか。……………109

Q18 ITを利用した労働者情報の勤怠管理サービスにはどのようなものがありますか。また、勤怠管理や安全管理について外部の事業者が提供するサービス（SaaS）を利用する場合どのような問題がありますか。……………119

Q19 応募者の重複のエントリーを避けるために、応募者の情報を保有しておくことはできますか。また、雇用後に取得した従業員の個人情報は、当該従業員が退職したら消去しなければなりませんか。……………122

第3 多様な働き方及びグループ企業等……………129

Q20 グループ会社で共同して採用を行う場合に、応募者情報のやり取りで留意する点はありますか。……………130

Q21 派遣、出向、請負・業務委託等の際に、派遣労働者、出向者、委託先の従業員等の情報を自由に共有することはできるのでしょうか。また、労務提供の形態によって制限されることはあるのでしょうか。……………134

Q22 兼業や副業の場合、従業員情報の点で、何か留意する点はありますか。また、海外の企業との兼務の場合はどうでしょうか。……………142

Q23 従業員の賃金計算等を海外のアウトソーシングサービスの会社に委託したり、海外にある親会社又はグループ会社のサーバーに各社の従業員情報を保管・取得したりする場合、どのような規制がありますか。……………147

第2章　企業における情報管理と労働者

　第1　インシデント発生前……………………………………155

Q24　企業内の情報を適切に管理するために、具体的にどのような方法をとるべきでしょうか。………………………157

Q25　労働者が当然に負う秘密保持義務の内容はどのようなものでしょうか。それでカバーされていない範囲まで秘密保持義務を負わせるためには、どのような方法をとるべきでしょうか。……………………………………163

Q26　企業内の情報を不正競争防止法上の営業秘密として保護するためには、労働者をどのように管理する必要がありますか。そのためにどのような規程を整備することが必要でしょうか。……………………………………167

Q27　内部不正を防止し、会社の情報を安全に管理するため、労働者との関係で、どのような規程を設ければよいでしょうか。………………………………………………171

Q28　社内システムへのアクセスや建物への入館において、従業員による認証制度の導入を検討していますが、どのような点に注意する必要がありますか。例えば、顔認証など生体認証を利用する場合はどうでしょうか。………175

Q29　社内の特定区域において、セキュリティを理由に私物の持込みを禁止することはできますか。また、会社貸与の電子機器等を社外に持ち出すこと等は禁止できますか。………………………………………………………179

Q30　個人所有の端末の持込み（BYOD）を認める場合にどのような対応を考える必要がありますか。BYODに対して、モニタリングアプリの導入を強制することはできますか。………………………………………………………185

Q31　従業員の電子メールのモニタリング、通信履歴・操作歴のモニタリング、位置情報の取得についてはどのような点に留意すればよいでしょうか。…………………191

Q32 テレワークを導入する際にどのような問題があります
　　か。また、導入にあたってはどのような手続をとるべき
　　でしょうか。……………………………………………………201
Q33 内部通報制度を構築するためにはどのようなことを行
　　う必要がありますか。また、内部通報がなされた場合、
　　通報内容はどのように管理する必要がありますか。…………206

第2　インシデント発生後……………………………………210

Q34 社内で労働者がハラスメントや使い込みなどの不正行
　　為に及んだ疑いが生じて会社が調査を行う場合、パソコ
　　ンやスマートフォンなどの情報端末内のデータを調査す
　　る際の留意点はどのようなものでしょうか。…………………211
Q35 労働者が企業内の情報を漏えいした場合には、企業側
　　は当該労働者に対してどのような対応を行うことができ
　　ますか。…………………………………………………………223
Q36 退職勧奨の対象となる労働者や、退職が予想される労
　　働者に対して、社内システムのアクセス権限をはく奪し
　　たり、一定の場所への立入りを禁じたりすることはでき
　　ますか。…………………………………………………………227
Q37 退職した労働者が、会社の情報資産を自身が所有する
　　USBに保存して外部に持ち出していたことが判明しま
　　した。どのような対応をするべきでしょうか。………………231
Q38 従業員がSNSを利用していますが、社員の私的な情報
　　発信を制限することができるのでしょうか。…………………243
Q39 派遣、出向、請負・業務委託等による労務提供を受け
　　る場合、情報管理の観点からどのような点に留意が必要
　　でしょうか。……………………………………………………246

参考書式

1 就業規則（秘密保持条項）……………………………………257
2 秘密情報管理規程………………………………………………258
3 入社時誓約書……………………………………………………263
4 退職時誓約書……………………………………………………265

第 1 章

労働者の個人情報の
取得及び利用

2

第1　採用の場面

　本項目では、採用場面において、採用に応募してきた者（応募者）の個人情報（以下、「応募者情報」といいます。）をどのように扱うかという点を中心に検討します。

　採用の場面では、企業側（求人者）は、応募者がどういう人物であるか（応募者情報）を知る必要があり、応募者は、企業側がどのような条件で雇用等を行うのかを知っておく必要があります。そこで、採用場面における問題は、このような採用側と応募者側の情報のやり取りに関する問題が中心となります。また近時では採用場面において企業外のHRテックサービスを利用することが多くなってきていますので、そのようなサービスの利用に関する問題も取り上げます。

1　応募者情報に関する問題

　本項目では、企業が取得する応募者情報について①取得、②利用の各場面で問題となる以下の論点に着目して検討しています。

　（1）　応募者情報の内容による取得制限

　応募者情報と一言で言っても、その中には、氏名、年齢等の基本的な情報から、職歴、学歴などのより詳細な情報、さらには、思想や病歴などの機微情報まで、様々な情報が含まれています。そこで、応募者について、一般的にどのような情報を取得してよいのかという点が問題となります。この点については、職安法や個情法による規制がなされています（Q1参照）。さらに、差別禁止などの観点から性別・性的指向、健康情報、組合への加入歴等、具体的な情報の種類ごとに問題を検討する必要があります（Q2・Q3参照）。

　（2）　応募者情報の取得態様による制限

　インターネットの発達により個人の情報発信が容易になった現在では、応募者本人から直接取得する形以外の態様、例えば第三者からの

情報取得や、本人が公開している情報の取得なども容易になっています。この点についても、職安法及び個情法で規制があるため、検討する必要があります（Ｑ５参照）。

（3） 利用目的による制限

応募者情報を取得するにあたっては、利用目的を特定した上で、その取得の態様に応じて利用目的を応募者に明示又は通知・公表しなければなりません。そこで利用目的の特定や明示等の問題を取り上げています。また、企業は応募者情報を、特定した利用目的の範囲内で、かつ採用の目的でしか利用することができません（Ｑ４参照）。

さらに、情報の内容に応じ、差別とされる場合にも利用することができません（Ｑ８参照）。

（4） その他

応募者側から企業側に提供する必要がある情報があるのかについても検討しています（Ｑ６参照）。

2　企業側からの情報提供

企業側で応募者情報を取り扱うにあたって、様々な点に留意する必要がありますが、一方で、企業側も適切な求人情報を応募者に提供する必要があります（Ｑ７参照）。

3　外部サービスの利用

また、HRテクノロジー（HRtech）と呼ばれる情報通信分野の技術発展を利用したサービスが多数生まれてきています。特に採用の場面では、外部の事業者を利用しての採用や、求職者情報を得ることが一般的となり、職安法にも新たな規定が置かれています（Ｑ９参照）。また、AIを利用したプロファイリングの問題についても検討しています（Ｑ10参照）。

第1章　労働者の個人情報の取得及び利用　　5

Q1 　労働者を募集採用するにあたって、応募者情報の収集に関して企業側で留意すべき事項にはどのようなものがありますか。

A 　企業が労働者を募集採用するにあたっては、職務遂行能力の判断のため、様々な応募者の個人情報を取得する必要がありますが、個情法、職安法や差別禁止法理を遵守する必要があります。

〔東　志穂・中崎　隆〕

解　説

1　応募者情報の取得・利用の必要性
（1）　はじめに
　企業が採用のために、応募者を評価するためには、その人の様々な情報を取得して、評価することが必要になります。
（2）　応募者情報の種類
　このように企業が従業員の採用を行うにあたって取得する情報としては、次のような情報が考えられます。
① 　基本情報
　住所、氏名、性別、年齢、国籍
② 　能力を判断するための情報
　学歴、職歴、容姿、身だしなみ
③ 　機微情報
　宗教、思想・信条、人種、民族、社会的身分、門地、本籍、出生地

④　性的指向

性的指向

⑤　家族関係

家庭環境、親の状況、婚姻状況、子供の有無、両親と同居の有無（居住状況）

⑥　健康状態

病歴、健康状態、障害の有無

⑦　組合関係

組合加入状況、組合加入歴、組合活動歴

⑧　信用状態

信用情報、破産情報

⑨　反社会活動との関わり

犯罪歴、犯罪被害歴、反社性

2　応募者情報の収集・利用の制限

（1）　採用の自由と調査の自由

日本においては、いわゆる終身雇用制を前提とした新卒採用が採用の中心的なものであり、誰を会社のメンバーとして受け入れるのかを判断することが重要でした。そのため、応募者の将来の可能性を見て、採否を決定する必要があり、応募者の潜在的な能力・人格・識見を判断するための、多面的な情報の調査・取得についても、広く認められると考えられていました。

最高裁も「企業者は、…経済活動の一環としてする契約締結の自由を有し、自己の営業のために労働者を雇傭するにあたり、いかなる者を雇い入れるか、いかなる条件でこれを雇うかについて、法律その他による特別の制限がない限り、原則として自由にこれを決定すること

ができる」(三菱樹脂事件＝最大判昭48・12・12民集27・11・1536)とし、採用の自由を認めています。

（2）　個情法及び職安法による制限

ただし上記判決が「法律その他による特別の制限がない限り」と限定しているように、採用の自由や調査の自由については一定の制限があります。

この制限を大きく分けるとすると、応募者のプライバシーの側面に注目した規制と、応募者の差別禁止の側面に着目した規制ということになります。具体的には、一般法として、①個情法及び②職安法、特別法として、③性別による差別を禁止する均等法5条・6条、年齢差別を禁止する労働施策総合推進法9条、障害者差別を禁止する障害者雇用促進法34条などの規定が挙げられます。また、一般法の規制による場合以外にも、プライバシーの侵害や差別が認定されると、不法行為に該当したり、規定自体が無効となったりする可能性があります。

　ア　個情法

企業は、労働者を募集採用するにあたり、応募者の個人情報を取得することになり、個人情報取扱事業者として個情法を遵守しなければなりません。具体的に遵守すべき内容については、①取得、②利用、③第三者提供、④保管の各場面で検討すると分かりやすいので、この順に検討します。

　　（ア）　取　得

個人情報の取得については、利用目的の特定に係る規制の他に一般的な制限はありませんが、要配慮個人情報については、その取得について本人の同意が原則として必要です（個情20②）。

また、個人情報を不正な手段によって取得することは禁じられており（個情20①）、採用等との関係でも、Facebook等のSNSを通じた個人

情報の取得が許容されるかどうか等が問題となり得ます。例えば、リクルーターが応募者を審査するために、その目的を隠してFacebookで「友達」申請を行って「友達」に公表された情報を見るケースや、応募者と「友達」になっている人に依頼して応募者の情報を見せてもらうようなケースは、「不正な方法」による個人情報の取得に当たらないかが論点となり得ます。また、違法業者のサービスを使って、個人情報の取得を行うようなケースも問題となり得ます（不正取得についてはＱ５も参照）。

　　（イ）　利　用

　次に、個人情報の利用については、まず、個人情報を取り扱う場合には、利用目的のできる限りの特定が必要です（個情17①）。特定した利用目的については、履歴書その他書面により個人情報を直接取得する場合は、事前の明示が必要とされており（個情21②）、その他の方法で取得する場合についても、通知又は公表が必要とされています（個情21①）。

　また、個人情報を利用する場合には、利用目的の範囲内で利用をしなければなりません（個情18①）（利用目的については、Ｑ４も参照）。さらに、不適正な方法での利用は禁じられています（個情19）。

　　（ウ）　第三者提供

　第３に、第三者への提供についても制限されており、個人情報を含む個人データを第三者に提供する場合には、原則として本人の事前の同意が必要です（個情27）。

　グループ会社であっても個情法上は第三者と扱われるため注意が必要です（Ｑ20参照）。

　　（エ）　保　管

　第４に、個人情報を含む個人データについては安全管理措置をとる

義務が課されており（個情23）、情報セキュリティ義務と関連して従業者の監督義務（個情24）や、業務委託先の監督（個情25）を行わなければなりません。

 イ 職安法・職安法指針

 個情法に加えて、応募者の個人情報については、職安法による規制がなされています。

　（ア）収 集

 職安法は、「労働者の募集を行う者」が、「その業務に関し」「労働者になろうとする者」の個人情報を収集・保管・使用するにあたっては、基本的に「その業務の目的の達成に必要な範囲内」で「当該目的を明らかにして」収集し、その目的の範囲で保管し、使用しなければならないとしています（職安5の5①）。

 ここでいう「その業務の目的の達成に必要な範囲内」とは、サービスの提供等適切な業務の遂行にあたって必要とされる範囲をいうとされています（厚生労働省「令和4年改正職業安定法Q＆A」問3-1参照）。例えば労働者の募集を行う者であれば採用の目的に限られることになります。

 また、職安法の規定を受けた職安法指針では、この点がより詳細に定められています。求職者等の個人情報について、どのような目的で収集されるのか、求職者等が一般的かつ合理的に想定できる程度に具体的に明示すること（職安法指針第5・1(1)）が定められているほか、一般的に業務の目的を達成するために必要な限度で収集することが定められ、次の内容の個人情報を収集することが原則的に禁じられています（職安法指針第5・1(2)）。

① 人種、民族、社会的身分、門地、本籍、出生地その他社会的差別の原因となるおそれのある事項

② 思想及び信条
③ 労働組合への加入状況

　さらに、職安法指針では、収集手段についても規制をしており、応募者情報の収集は、㋐本人から直接収集するか、㋑本人の同意の下で本人以外の第三者から収集するか、㋒本人により公開されている情報を収集するかのいずれかによるとしています（職安法指針第5・1(3)）。

　　（イ）使　用

　使用目的の特定については、職安法では使用目的を明らかにすることという形で規定されています（職安5の5①）。さらに職安法指針では、求職者の個人情報が、「どのような目的で収集され、保管され、又は使用されるのか、求職者等が一般的かつ合理的に想定できる程度に具体的に明示すること。」とされており（職安法指針第5・1(1)）、使用目的の特定が求められています。

　また、使用の範囲についても職安法は「業務の目的の達成に必要な範囲内」との制限を設けています（職安5の5①）。

　さらに、不適正使用については、職安法には直接の規定はおかれていないものの、職安法指針では、「個人情報を収集する際には、本人から直接収集し、本人の同意の下で本人以外の者から収集し、又は本人により公開されている個人情報を収集する等の手段であって、適法かつ公正なものによらなければならない」（職安法指針第5・1(3)）としており、具体的な規制がされています。

　なお、職安法による規制がない部分については、そのまま個情法の規制が適用されることになります（職安法指針第5・3）。

　　（ウ）管　理

　求職者等の個人情報の適正な管理については、職安法指針において具体的な対応事項が定められています（職安法指針第5・2）。

	取　得		利　用		第三者提供	消　去
	原　則	適正取得義務	原　則	不適正利用		
個情法	取得は原則として自由（要配慮個人情報は同意が必要）	適正取得義務あり（個情20）	利用目的の特定（個情17）目的内での利用（個情18①）	不適正利用の禁止（個情19）	原則的に同意が必要（個情27①）	利用する必要がなくなった場合には遅滞なく消去する努力義務（個情22）
職安法	業務目的の達成に必要な範囲内に限られる（職安5の5）取得禁止情報の明示（職安法指針第5・1(2)）	適正取得義務の具体例の明示あり（職安法指針第5・1(2)）	収集目的の範囲内での使用（職安5の5）	（規定なし）	（規定なし）	（規定なし）

（3）　その他一般法令による制限

　このように個情法、職安法による規制が中心となりますが、雇用関係の法令との関係では、採用に関して不当な差別を禁ずる規定があります（均等5、障害雇用34）。

　これらの規制に違反した場合には、「違法又は不当な行為を助長し、又は誘発するおそれがある方法」による利用の禁止（不適正利用の禁止（個情19））に違反する可能性があります。したがって、採否の決定において、取得した情報をそのような差別的取扱いのために使用することは禁止されていることに留意する必要があります。

Q2 従業員を採用するにあたって、本人から病歴、症状、治療内容など確認したいのですが、許されるのでしょうか。また、どのように確認すればよいでしょうか。

A 病歴、障害の有無、健康診断等の結果、医師等による指導・診療・調剤の事実等の「要配慮個人情報」に該当する情報の取得については、㋐「特別な職業上の必要性」等が存する場合（採用目的の達成のために必要不可欠である場合）に限られるとともに、㋑収集目的を示し、かつ、㋒情報提供は任意であることも示した上で、本人から直接取得することが必要になります。後々問題が生じないように、これら情報を取得する際には、上記㋐㋑㋒の要件を念頭に置いた書面によるべきでしょう。

〔小山 博章〕

解 説

1 個情法上の規制

この問題を考える上では、個情法の規制が重要となります。その規制を考える上で、病歴、症状、治療内容などが「要配慮個人情報」に該当するか否かを検討する必要があります。

（1） 要配慮個人情報

個情法では、個人情報（個情2①）のうち、「本人の人種、信条、社会的身分、病歴、犯罪の経歴、犯罪により害を被った事実その他本人に対する不当な差別、偏見その他の不利益が生じないようにその取扱いに特に配慮を要するものとして政令で定める記述等が含まれる個人情報」が、「要配慮個人情報」と定義されています（個情2③）。そして、

個情法施行令2条では、上記「政令で定める記述等」として、具体的な内容に関する定めが置かれており、さらに、個情法施行規則5条では、施行令2条にいう「心身の機能の障害」について、の具体的な定めが置かれています。

上記の記述等が含まれる個人情報が、「要配慮個人情報」となります。具体的にいかなる情報が要配慮個人情報に該当するかについては、個情法GL（通則編）や個情法QAにおいて詳細に解説されています。以下では、同GL等における解説のうち、採用プロセスとの関係でポイントになりそうな点を挙げておきます。

① 「病歴」とは、病気に罹患した経歴を意味するもので、特定の病歴を示した部分（例：特定の個人ががんに罹患している、統合失調症を患っている等）が該当する。

② 「健康診断等の結果に基づき、又は疾病、負傷その他の心身の変化を理由として、本人に対して医師等により心身の状態の改善のための指導又は診療若しくは調剤が行われたこと」には、病院、診療所、薬局、その他の医療を提供する施設における診療・調剤の過程で患者の身体の状況、病状、治療状況等について医師、歯科医師、薬剤師、看護師その他の医療従事者が知り得た情報全てが含まれ、「医師等から保健指導を受けたという事実」、「病院等を受診したという事実」、「薬局等で調剤を受けたという事実」も該当する。

（2） 要配慮個人情報の取扱い

会社は、個人情報取扱事業者として個情法の適用を受けます。

したがって、企業が要配慮個人情報を取得するには、利用目的の特定・明示といった個情法の一般的な規制（個情17・21）に加えて、「あらかじめ本人の同意を得ること」が不可欠となります。「あらかじめ本人の同意を得ること」が不要とされるのは、「法令に基づく場合」や「人の生命、身体又は財産の保護のために必要がある場合であって、本人の

同意を得ることが困難であるとき」など、緊急事態のような例外的な場合が想定されているので(個情20②各号)、従業員採用の場面では「あらかじめ本人の同意を得ること」が不要とされることはまずないでしょう。

2 職安法上の規制

この問題については、個情法以外にも、職安法上の規制にも配慮する必要があります。

（1） 募集・採用プロセスにおける個人情報収集に関する原則

　ア　職安法では、「労働者の募集を行う者」が「募集に応じて労働者になろうとする者」の個人情報を収集・保管・使用するにあたっては、「その業務の目的の達成に必要な範囲内」でのみ、収集・保管・使用しなければならないとしています（職安5の5①）。ただし、「本人の同意がある場合その他正当な事由がある場合は、この限りでない。」とされているので（同項ただし書）、本人の同意がある場合には、業務の目的の達成に必要な範囲でなくても、応募者に関する個人情報を収集することができると解されます。

　また、労働者の募集を行う者が応募者の個人情報を収集する場合、「本人から直接収集し、本人の同意の下で本人以外の者から収集し、又は本人により公開されている個人情報を収集する等の手段であって、適法かつ公正なものによらなければならない」とされています（職安法指針第5・1(3)）。

　イ　上記の「業務の目的」とは、採用目的を指すことになりますが、採用にあたっては、就業した先の安全配慮措置の構築や適材適所の人材配置などを見据える必要があります。そのため、この「業務の目的」を考えるにあたっては、会社の具体的な業務内容等を考慮することになります。

第1章　労働者の個人情報の取得及び利用

（2）　「社会的差別の原因となるおそれのある事項」の判断

　募集・採用プロセスにおける応募者の個人情報のうち、職安法指針における「労働者の募集を行う者」が遵守すべき事項については、特に留意すべきです。

　この指針では、「その業務の目的の達成に必要な範囲内で、当該目的を明らかにして個人情報を収集することとし、次に掲げる個人情報を収集してはならないこと。ただし、特別な職業上の必要性が存在することその他業務の目的の達成に必要不可欠であって、収集目的を示して本人から収集する場合はこの限りでないこと。」と定めており、「次に掲げる個人情報」の一つとして、「人種、民族、社会的身分、門地、本籍、出生地その他社会的差別の原因となるおそれのある事項」を挙げています（職安法指針第5・1（2）イ）。

　この「社会的差別の原因となるおそれのある事項」にいかなる情報が該当するかについて、職安法指針や厚生労働省の「募集・求人業務取扱要領」（令和6年10月）等においては、一般的な判断基準は示されていません。もっとも、個情法における「要配慮個人情報」が、「本人に対する不当な差別、偏見その他の不利益が生じないようにその取扱いに特に配慮を要するもの」とされていることからすれば（個情2③）、要配慮個人情報に該当する情報は、そのまま「社会的差別の原因となるおそれのある事項」にも当たると考えるべきでしょう。

（3）　「社会的差別の原因となるおそれのある事項」の規制

　（2）のとおり、「社会的差別の原因となるおそれのある事項」の収集が許されるのは、「特別な職業上の必要性が存在することその他業務の目的の達成に必要不可欠であって、収集目的を示して本人から収集する場合」に限られます（職安法指針第5・1（2））。

　前述した個情法における「要配慮個人情報」の取得に関する規制と合わせて考えれば、企業が採用プロセスにおいて応募者の「要配慮個

人情報」＝「社会的差別の原因となるおそれのある事項」に関する情報を収集するに際しては、当該情報の収集について「特別な職業上の必要性が存在すること」等、「採用目的の達成の上で必要不可欠であること」を前提（要件㋐）に、収集の目的を示し（要件㋑）、かつ、本人から任意に提供を受ける（要件㋒）、という手続を経る必要があります。

3　具体的な検討
（1）　採用プロセスにおける健康情報の具体例

実務上、採用後に体調不良が発覚し、勤務ができず退職してしまう、休職に入ってしまう、といったことがあるため、会社としては、そのような事態を避けるために、様々な健康情報を入手したいと考えることがあります。

また、採用時に仮に何らかの疾病に罹患しているのであれば、採用後に適切な安全配慮体制を構築する必要があるのか、あるとすればどのような内容にするのか、といった点も問題になりますし、採用後における人材活用も視野に入れた適切な採否判断をしたいと考えるでしょう。例えば、「発作」「急変」のあり得る病名・症状なのか否かによって、採用した場合に適切な安全配慮体制を構築できるか否かは異なってくるでしょうし、「進行」のあり得る病名なのか否かによって、採用後における人材活用の有り様は変わってくるでしょう。

そのため、企業としては、ⓐ現在継続的に治療を受けている疾病がある場合はその病名、症状、治療内容、ⓑ健康を理由とする就業制限の有無・内容、就業制限がある場合はその原因となる傷病の病名、症状、治療内容、の確認の可否、ⓒ前職における休職歴の有無・休職期間、休職歴がある場合は原因となる病名などについて収集しようとすることが考えられます。

以下、個別に検討します。

(2) 現在継続的に治療を受けている疾病がある場合はその病名、症状、治療内容（上記ⓐ）

これらの情報は要配慮個人情報＝「社会的差別の原因となるおそれのある事項」に該当しますので、企業が採用プロセスにおいて当該情報を応募者から収集する場合には、前記2（3）の㋐、㋑、㋒の要件を満たすことが必要です。

この点、現時点で就業制限の原因となっているか否かにかかわらず、およそ現時点で治療を受けている「病名」等を網羅的に把握することについては、採用目的の達成のために必要不可欠である、とはいい難いと考えます。したがって、応募者から「現在継続的に治療を受けている疾病の病名、症状、治療内容」について網羅的に確認を行うことは、すべきではないと考えます。

ただし、現時点で具体的に就業制限をもたらしているものではないとしても、将来的に就業制限をもたらす可能性がある疾病（進行性の疾病等）に限って、その病名や症状等を把握しておくことは、将来における適切な安全配慮体制構築の可否や将来における人材活用を視野に入れた適切な採否判断を行うためには必要だと考えられます。そこで、現在継続的に治療を受けている疾病のうち、将来的に就業制限をもたらす可能性がある疾病がある場合は、その病名、症状、治療内容に限って応募者から確認・収集することは、採用目的達成のために必要不可欠であるものとして（要件㋐）、収集目的（例えば「将来的な安全配慮体制の構築の可否や人材活用等を踏まえた適切な採用判断のため」等）を示し（要件㋑）、かつ、「回答は任意であること」も示した上であれば（要件㋒）、許容されるものと考えます。

(3) 健康を理由とする就業制限の有無・内容、就業制限がある場合はその原因となる傷病の病名、症状、治療内容、の確認の可否（上記ⓑ）

健康を理由とする就業制限の有無・内容については、要配慮個人情

報＝「社会的差別の原因となるおそれのある事項」に該当しない、と整理できると考えます。したがって、企業が採用プロセスにおいて応募者の「健康を理由とする就業制限の有無・内容」について確認することについては特段の制約はない、と考えられます。

　これに対して、就業制限の原因となる傷病の病名、症状、治療内容については、個情法2条3項に例示された「病歴」や個情法施行令2条2号・3号所定の情報に該当しますので、要配慮個人情報＝「社会的差別の原因となるおそれのある事項」に該当します。そのため、就業制限の原因となる傷病の病名、症状、治療内容に関する情報を応募者から収集する場合には、前記㋐、㋑、㋒の要件を満たすことが必要です。

　この点、企業が採用目的を達成するためには「就業制限の有無・内容」のみを把握していれば足り、「就業制限の原因となる傷病の病名、症状、治療内容」についてまで把握することは採用目的の達成の上で必要不可欠とはいえない、という考え方もあり得ます。

　しかし、採用の現場においては、就業制限の有無・内容に関する情報、例えば「時間外労働禁止」、「出張禁止」、「重量物取扱禁止」といった情報のみを抽象的に把握するだけでは、採用について適切な判断ができず、就業制限の原因となった具体的な「病名」や「症状」等も併せて確認・把握することで、初めて採用後における適切な安全配慮体制構築の可否や採用後における人材活用も視野に入れた適切な採否判断ができるのが通例であろうと思われます。

　したがって、「就業制限の原因となる傷病の病名、症状、治療内容」について確認・収集することも、採用目的達成のために必要不可欠であるものとして（要件㋐）、収集目的（例えば「安全配慮体制の構築の可否、採用後の人材活用等を踏まえた適切な採用判断のため」等）を

示し（要件㋑）、かつ、「回答は任意であること」も示した上であれば（要件㋒）、許容されるものと考えます。

（4）　前職における休職歴の有無・休職期間、休職歴がある場合は原因となる病名（上記ⓒ）

まず、前職における休職歴の有無・休職期間に限っていえば、要配慮個人情報＝「社会的差別の原因となるおそれのある事項」には該当しないので、採用プロセスにおいて応募者から確認することについて特段の制約はない、と考えられます。

これに対し、休職歴がある場合における原因となる病名についていえば、上記のとおり「病歴」として要配慮個人情報＝「社会的差別の原因となるおそれのある事項」に該当しますので、企業が採用プロセスにおいて当該情報を応募者から収集する場合には、前記㋐、㋑、㋒の要件を満たすことが必要です。

この点、現時点で就業制限の原因となっているか否かにかかわらず、過去における休職の原因となった「病名」を把握することについてまで、採用目的の達成のために必要不可欠である、というのは困難であろうと考えます。

したがって、「休職歴がある場合における原因となる病名」の確認については、行うべきではないと考えます。

---

advice

○応募者から要配慮個人情報を取得する際の注意事項

　上記の解説で述べたように、企業が採用プロセスにおいて要配慮個人情報＝「社会的差別の原因となるおそれのある事項」に関する情報を収集するに際しては、当該情報の収集について「特別の職業上の必要性が存すること」等、「採用目的の達成の上で必要不可欠であること」を前提（要件㋐）に、収集の目的を示し（要件㋑）、かつ、本人から任意に提供

を受ける（要件㋒）、という手続を経る必要があります。
　これら㋐㋑㋒の要件を満たした上であれば、口頭で応募者の要配慮個人情報を収集することも可能です。ただし、トラブル回避の観点からは、書面を活用した方がよいでしょう。収集の目的及び提供を求める情報を記載し、回答は任意である旨付記した書面に、情報提供に同意する旨の本人のサインをもらうことで、手続を行ったことを明確にすることができます。

Q3 従業員の採用にあたり取得を検討する情報のうち、病歴や障害などに関する情報以外の情報について、どのような制限がありますか。

A Q2では、病歴や障害などに関する応募者情報について、職安法・個情法の規制を見ましたが、同様に応募者の採否を決定する上で、それ以外の種々の情報取得の可否についても、それらの規制の内容について検討する必要があります。

その概要につきましては、次の表のとおりとなります。

〔末 啓一郎〕

＜情報分類の表＞

「基本情報」、「能力・適正」、「保険・税金・各種手当」の各項目について、企業として必要と考えられるものは○、状況により取得が有益と考えられるものについては△、取得が禁止されるものについては×とし、それらを総合して「必要性」について、○△×を付している。

	項　目	基本情報	能力・適性	保険・税金・各種手当	必要性	職安法・職安法指針	個情法
A	病　歴		○		○	○目的明示	要配慮個人情報
	障害の有無	○	○	○	○	○目的明示	要配慮個人情報
	健康状態（心身の問題状況）	○	○	○	○	○目的明示	要配慮個人情報

B	住　所	○		○	○	○目的明示	目的明示
	氏　名	○		○	○	○目的明示	目的明示
	性　別	○	△	○	○	○目的明示	目的明示
	年　齢	○	△	○	○	○目的明示	目的明示
	国　籍	○	△		○	○目的明示	目的明示
	学　歴	△	○		○	○目的明示	目的明示
	職　歴	○	○	○	○	○目的明示	目的明示
	各種の資格の有無	○	○		○	○目的明示	目的明示
	容　姿		○		○	○目的明示	目的明示
	身だしなみ		○		○	○目的明示	目的明示
	婚姻状況	△	△	○	○	○目的明示	目的明示
	子供の有無	△	△	○	○	○目的明示	目的明示
	両親と同居の有無（居住状況）	△	△		○	○目的明示	目的明示
	反社性	○	○	○	○	○目的明示	目的明示
C	性的指向	△	△	△	△	△目的明示	目的明示
	家庭環境（親の状況）		△		△	△目的明示	目的明示
	宗　教	△	△		△	△目的明示	目的明示
	組合加入歴		△		△	△目的明示	目的明示
	組合活動歴		△		△	△目的明示	目的明示
	信用情報		△		△	△目的明示	目的明示
	破産情報		△		△	△目的明示	目的明示
D	民　族		△		△	×同意・正当事由	目的明示
	門　地		△		△	×同意・正当事由	目的明示

第1章　労働者の個人情報の取得及び利用

	組合加入状況		△		△	×同意・正当事由	目的明示
E	犯罪歴		△		△	○目的明示	要配慮個人情報
F	思想・信条		△		△	×同意・正当事由	要配慮個人情報
	人　種		△		△	×同意・正当事由	要配慮個人情報
	社会的身分		△		△	×同意・正当事由	要配慮個人情報
G	犯罪被害歴	×	×	×	×	×	要配慮個人情報
	本　籍	×	×	×	×	×	要配慮個人情報？
	出生地	×	×	×	×	×	要配慮個人情報？

解　説

1　企業による応募者情報取得の自由と規制

　従業員採用の決定を行う上で、必要とされる情報の取得については、応募者の潜在的な能力などについての判断を行う必要から、広範な情報の取得が必要とされます。そして、これらの情報の取得は、従業員の採否の決定及びそのための情報の取得について、Q1の三菱樹脂事件最高裁判決において示されているとおり、使用者の自由が広く認められています。しかし、Q1の解説において詳述されているとおり、この企業の自由は、職安法及び個情法等関連法規等の法令の制限の範囲内でのみ認められるものです。また、相当性を逸脱して不法行為等の民事上の責任を負わないようにすべきこと、社会的な非難を受けないような配慮が必要であることもいうまでもありません。

そして、その相当性を考える上では、例えば、数十年間に数億円の給与を支払うこともあり得る新卒の採用の場合と年収100万円以下での短期パート労働者の採用の場合とを比較すれば明らかなとおり、その状況によって必要情報は異なることが考えられますし、IT技術者の場合、建設現場の現場作業員の場合、ミッションスクールの教師の場合等、事業、職業の内容によっても必要情報は異なりますので、それらを考慮した慎重な検討が必要です。

　しかし、ここでは、それらの個別の状況は捨象して、情報の種別に対応した一般的な規制を中心に検討を行います。

　それらの規制の内容について、情報分類の表のグループAに属する病歴、障害の有無、健康状態（心身の問題状況）等については、Q2の解説で詳細に述べていますので、それら以外の個人情報について、どこまでの取得が認められるのか、取得についてどのような制限があるのかに関し、以下に整理します。

2　住所、氏名、性別、年齢、国籍、学歴、職歴、各種の資格の有無、容姿、身だしなみ、婚姻状況、子供の有無、両親と同居の有無（居住状況）、反社性等

　情報分類の表のBグループに属するこれらの情報に関しては、応募者の特定に関する情報（住所、氏名、性別、年齢、国籍等）や応募者の能力や適性に関する情報（学歴、職歴、各種の資格の有無、反社性等）、社会保険や各種手当に関して必要となり得る情報（婚姻状況、子供の有無、両親と同居の有無（居住状況）等）等、「業務の目的の達成（当該応募者の採否決定）に必要」なものであり、またこれらグループBに属する情報については、いずれも要配慮個人情報に該当しないものであるため、取得の目的を明らかにすることにより、収集することが許されるものであると考えられます。

　なお、容姿や身だしなみについては、採否決定の上で必ずしも必要

であるとは言い難い場合もあると思われますが、採否判断の上で考慮することが禁止される理由もなく、書類選考の場合などにおいて、最終決定前に面談を行うなどして判断をすることを禁止する理由もないと考えられます。

3 性的指向、家庭環境（親の状況）、宗教、組合加入歴、組合活動歴、信用情報、破産情報等

グループCに属する情報は、要配慮個人情報とはされていませんが、従業員の能力等の判定に直接関わるものではないため、採否決定の上で必ずしも必要であるとは言い難いものであるだけでなく、応募者にとって、採用者に対して知られたくない情報であることが推測されるものであり、また、その情報の性格上、特段の事由がない場合以外、「業務の目的の達成（採否決定）に必要」なものには該当しないと考えられますので、職安法上取得が制限されるものであると考えられます。

4 民族、門地、組合加入状況等

グループDに属する情報は、職安法指針において、「業務の目的の達成に必要不可欠であって、収集目的を示して本人から収集する」場合以外に、取得ができないものとされているだけでなく、採用の成否を決める上で、これらの情報取得が必要不可欠であると考えられる場合は想定し難いため、原則として取得が禁止される情報であると考えられます。

5 犯罪歴

犯罪歴については、職安法上の制限はないものの、要配慮個人情報とされており、Q2の解説にあるとおり、取得については、「採用目的の達成の上で必要不可欠であること」を前提に、収集の目的を示し、

かつ、本人から任意に提供を受けるべきものとなります。

6　思想・信条、人種、社会的身分等

グループFに属する情報は、要配慮個人情報とされているだけでなく、職安法指針において、「業務の目的の達成に必要不可欠であって、収集目的を示して本人から収集する」場合以外に、取得ができないものとされているところ、採用の成否を決める上で、これらの情報取得が必要不可欠であると考えられる場合は想定し難いため、原則として取得が禁止される情報であると考えられます。

7　犯罪被害歴、本籍、出生地等

グループGに属する情報のうち、犯罪被害歴は要配慮個人情報とされており、また、本籍、出生地については、要配慮個人情報とは明確に規定されていませんが、それらに該当し得るものです。そして、これらはそもそも採否を決定する上で必要（業務の目的の達成に必要）な情報であるとは考え難いだけでなく、深刻な差別にもつながりかねない情報として、応募者から取得することは絶対に許されない情報であると考えられます。

8　まとめ

以上は、情報の性格に基づく一応の基準といえますが、個別の事案における取得の自由については、業務や職務の内容や情報の性格により、規制の程度が異なり得るところであり、その取得が許されるか否かについて、慎重な検討・対応が必要とされるところです。

また「採用目的の達成の上で必要不可欠であること」を前提に、取得が許される場合についても、情報によっては、収集の目的を示し、かつ、本人から任意に提供を受けなければならないなど、その手続についても配慮が必要となることに留意する必要があります。

第1章　労働者の個人情報の取得及び利用

Q4 応募者の個人情報の利用目的については、どの程度、特定すればよいですか。また、プロファイリングなど利用目的についてはどのように応募者に伝えればよいでしょうか。

A 個人情報取扱事業者において、個人情報をどのような目的で利用するかについて明確な認識を持つことができ、また、本人において、どのような目的で利用されるのかについて、一般的かつ合理的に予測・想定できる程度に利用目的を特定する必要があります。

〔持田　大輔〕

解　説

1　利用目的の特定（個情法による規律）

　個人情報取扱事業者は、個人情報を取り扱うにあたっては、その利用目的をできる限り特定する必要があります（個情17①）。そして、個人情報の利用は、特定した利用目的の達成に必要な範囲に制限されます（個情18①）。

　「できる限り」特定するとは、個人情報取扱事業者において、個人情報をどのような目的で利用するかについて明確な認識を持つことができ、また、本人において、自らの個人情報がどのような事業の用に供され、どのような目的で利用されるのかについて一般的かつ合理的に予測・想定できる程度に利用目的を特定することをいいます（個情QA・Q2-1）。

　そして、個人情報を取得した場合、あらかじめ公表している場合を除き、速やかに、その利用目的を、本人に通知又は公表する必要があ

ります（個情21①）。

また、契約書や応募書類などの書面による記載、あるいはエントリーフォームなどウェブサイト上での入力などの電磁的記録により、本人から直接個人情報を取得する場合には、あらかじめ、本人に対し、その利用目的を明示しなければなりません（個情21②）。「明示」とは、本人に対し、その利用目的を明確に示すことをいい、事業の性質や個人情報の取扱状況に応じて、内容が本人に認識される合理的かつ適切な方法による必要があります（個情GL（通則編）3-3-4）。

2 業務目的の明示等（職安法による規律）

　求職者等の個人情報については、その秘匿性に鑑み、職安法においても規制されています。職安法では、本人の同意その他正当な事由がある場合を除き、求職者等の個人情報を収集し、保管し、又は使用するにあたっては、その業務の目的の達成に必要な範囲内で、当該目的を明らかにして、求職者等の個人情報を収集し、当該収集の目的の範囲内でこれを保管及び使用しなければならないとされています（職安5の5①）。

　そして、職安法指針第5・1では、職安法5条の5第1項の規定により、その業務の目的を明らかにするにあたっては、求職者等の個人情報がどのような目的で収集され、保管され、又は使用されるのか、求職者等が一般的かつ合理的に想定できる程度に具体的に明示することとされ（職安法指針5・1(1)）[注]、インターネットの利用その他適切な方法により明示すること（職安則4の4）が求められます。

　なお、個情法に基づく利用目的の本人への通知又は公表において、

（注）　その他、職安法指針第5・1では、職安法5条の5第1項に関し、業務性（(2)本文）、一部の個人情報の収集禁止（(2)、なお、ただし書も参照）、本人収集の原則（(3)）、収集目的による制限（(5)）などについても規定されています。

業務の目的の明示に必要な事項が網羅されている場合には、当該明示と兼ねることが認められています（厚生労働省「令和4年改正職業安定法Q&A」問3-2）。

以上を踏まえ、採用応募者（求職者）に関する個人情報の利用目的については、例えば、
① 各種会社情報・セミナー等の案内のため
② 採用選考の申込受付のため
③ 採用選考を実施するため
④ 保有のスキルや職務経験等を確認し、応募職務への適合性の判断を行うため
⑤ 採用選考に関する連絡等の事務処理のため
⑥ 採用選考に関する運営等の改善のため
⑦ 内定式、雇用時健康診断等の案内のため
⑧ 就業後の雇用・人事管理のため
⑨ 今後の採用計画を立てる際に統計的に利用するため
⑩ その他採用選考等に関連・付随する業務のため
などと記載し、特定した上で、募集要項や採用に関する個人情報保護方針・プライバシーポリシーに明記する、あるいは、本人に送付したり、採用ページ等において本人の目に留まるよう配置に留意し明示することが考えられます。

前述のとおり、職安法及び職安法指針では、求職者等の個人情報について、「その業務の目的の達成に必要な範囲内で」収集等しなければならないとされている点に注意してください。

3 プロファイリングなど本人が合理的に予測・想定できないような個人情報の取扱いを行う場合

本人が合理的に予測・想定できないような個人情報の取扱いを行う

場合については、そのような取扱いを行うことを含めて、利用目的を特定する必要があります。

最近では、いわゆるHRテックの一環として、企業の採用活動を支援するため、AI技術を利用した様々なサービスが提供されており、導入する企業も増えてきています。AI技術を利用した採用支援サービスとしては、応募者からの質問に答えるAIベースのチャットボットから、録画された面接時の映像を基にAIによる評価を行うものまで、様々な種類のサービスが提供されています。

このうち、いわゆる「プロファイリング」といった、本人に関する行動・関心等の情報を分析する処理を行う場合など、本人をして合理的に予測・想定できないような個人情報の取扱いを行う場合については、分析結果をどのような目的で利用するかだけではなく、前提として、かかる分析処理を行うことを含めて、利用目的を特定する必要があります（個情GL（通則編）3-1-1、個情QA・Q2-1）。

例えば、履歴書や面接により得た情報に加え、（本人が分析されることを想定していない）行動履歴等の情報を分析し人事採用に活用する場合については、利用目的として「取得した情報を採否の検討・決定のために利用いたします」と記載するだけでは足りず、「履歴書や面接で得た情報に加え、行動履歴等の情報を分析して、当該分析結果を採否の検討・決定のために利用いたします」などと記載する必要があります（第155回個人情報保護委員会「改正法に関連する政令・規則等の整備に向けた論点について（公表事項の充実）」（令和2年10月14日））。

なお、AI技術を利用した採用活動に関しては、判断過程における「ブラックボックス性」の問題や、偏見・差別が生じるリスク、プライバシー上の懸念などの問題点も指摘されており、諸外国においては立法により規制する動きも出てきています（例えば、米国イリノイ州のAIビデオ面接法（Illinois Artificial Intelligence Video Interview Act）については、リーバ

ナ・E・サックス＝飯野悠介「企業の採用活動とAI―イリノイ州AIビデオ面接法の概要等とAIガバナンスへの示唆」NBL1216号31頁以下（2022））。

　このため、採用において、プロファイリングなど本人に関する行動・関心等の情報を分析する処理を行う場合には、企業としては、どのような分析処理を行うのか把握をした上で、本人が予測・想定できる程度に利用目的を特定するとともに、透明性や公平性等にも配慮し、応募者に対し説明をすることが望ましいと考えられます（プロファイリングの利用についてはQ10も参照）。

4　雇用仲介サービスを利用する場合

　最近では、IT技術の発展等に伴い、職業紹介、委託募集、求人メディア、人材データベース、アグリゲーター、スポットマッチングなど、様々な類型の雇用仲介サービスが出てきています（厚生労働省「労働市場における雇用仲介の在り方に関する研究会　報告書」（令和3年7月13日））。

　これらのサービスを利用し、求職者の個人情報を取得する場合、①サービス提供事業者から第三者提供を受ける場合と、②サービス提供事業者を通じて求人企業が直接取得している場合があり、いずれに該当するかは、利用するサービスの具体的な内容やサービス提供事業者との契約等により決まります。

　①の場合は、求人企業としては、求職者から個人情報を直接取得していないため、利用目的の明示は必要ありませんが、あらかじめその利用目的を公表している場合を除き、速やかに、その利用目的を、本人に通知し、又は公表する必要があります（個情21①）。実務上は、自社の採用ページやプライバシーポリシー等で特定した利用目的を公表することで対応することが一般的です。

　これに対し、②の場合は、求人企業は求職者の個人情報を直接取得しているため、前述した利用目的の明示が必要となります。求人企業

としては、サービス提供事業者に対し、特定した利用目的を明記した募集要項を出すことで対応することが考えられます。

なお、上記①②いずれの場合においても、求人企業としては、個人情報の不正取得（個情20①）に該当しないように注意をする必要があります（Ｑ５参照）。

サービス提供事業者から求職者の個人情報の第三者提供を受ける場合（①の場合）、サービス提供事業者において、利用目的にその旨が明確に分かるよう特定した上で（個情GL（通則編）3-1-1）、第三者提供について本人（求職者）の同意を得る必要があります（個情27①）。

第三者提供制限違反がされようとしていることを知り、又は容易に知ることができるにもかかわらず、個人情報を取得する場合、不正取得（個情20①）に該当する可能性がありますので（個情GL（通則編）3-3-1）、注意してください。

第1章　労働者の個人情報の取得及び利用　　33

Q5　採用選考の過程において、応募者の情報を取得する手法に制限はありますか。例えば、第三者（大学の先輩や友人など、興信所、前職の職場）や応募者自身が公開しているSNS等の情報を取得してよいでしょうか。

A　企業が採用選考のため、特定の第三者から応募者の情報を取得する場合、原則として本人の同意を得なければなりません。また、不特定多数に向けて公開されているSNS等から情報を取得する場合にも、個人情報の不正な取得に当たらないよう注意が必要です。加えて、思想・信条や社会的差別の原因になる情報など、たとえ本人が同意しても取得することができない情報があることにも注意すべきです。

〔河本　秀介〕

解　説

1　採用選考における情報取得と法律上の制約
（1）　情報取得の方法
　企業の採用活動で応募者の情報を取得する方法としては、応募者本人に履歴書をはじめとする様々な資料の提出を求めたり、応募者との面接で質問したりするなど、応募者本人からの取得が基本ですが、応募者以外の第三者から応募者に関する情報を取得することも考えられます。
　かつては、企業の採用担当者が大学の先輩や友人、前職の職場の上司・同僚などの第三者に聞き取りを行う場合がありました。現在でも、第三者への聞き取りを含む、情報取得の代行をサービスとして掲げる

調査機関やコンサルタントは少なくありません。さらに、近年では、応募者やその周辺がSNS等で行った投稿の内容から情報を取得するケースもあります。特に、SNSの投稿には、応募者の普段の言動や問題行動など、面接では得ることが難しい情報が含まれているため、SNSからの情報取得を重視する企業も増えています。

このように、応募者本人からの資料提出や面接以外の方法で情報を取得することはどこまで許容されるのでしょうか。

（2）　職安法

職安法5条の5は、採用活動を行う企業を含む求人者や労働者の募集を行う者等に対し、求職者等の個人情報を収集、保管又は使用するにあたり、本人の同意がある場合を除き、業務の目的の達成に必要な範囲内で、適切な方法により目的を明らかにして求職者等の個人情報を収集し、並びに当該収集の目的の範囲内でこれを保管し、及び使用する義務を課しています（職安5の5、職安則4の4）。さらに、厚生労働省はこれらの義務に関連して、採用活動を行う企業が応募者の個人情報を収集する場合、「本人から直接収集し、本人の同意の下で本人以外の者から収集し、本人により公開されている個人情報を収集する等の手段であって、適法かつ公正なものによらなければならない」と告示しています（職安法指針第5・1（3））。そのため、採用活動を行う企業は、原則として、応募者本人の同意なく第三者から個人情報を取得することはできません。

（3）　個情法・プライバシー

企業は個情法に定める個人情報取扱事業者に当たり、採用活動を行う際にも個情法の適用を受けます。よって、職安法に反する態様その他の不当な方法で応募者の個人情報を取得した場合、個人情報の適正取得義務（個情20①）に違反する可能性があります。また、個人情報を不当な方法で取得した場合、応募者本人に対するプライバシー侵害と

して不法行為責任が問われる可能性もあります（例えば、採用選考の過程で行われた健康診断において実施された血液検査において、本人に無断でＢ型肝炎ウィルスの検査を行ったことがプライバシー侵害に当たるとされた事例があります（Ｂ金融公庫事件＝東京地判平15・6・20労判854・5）。)。

　企業が、応募者以外の第三者やSNS等から個人情報を取得する場合、これら職安法や個情法による制約を考慮する必要があります。

2　調査機関等からの情報取得
（1）　本人以外からの情報取得

　企業が応募者の採用選考を行うにあたり、応募者に関する情報を本人以外から取得する場合、具体的にどのような点に注意すべきでしょうか。

　例えば、企業が採用選考に際して、応募者の前職の職場や学校等に、就業状況、トラブルの有無や人となり等を照会する場合があります。また、インターネットでの情報収集や、調査機関に照会するなどして履歴書に記載された経歴に誤りがないか、犯罪歴や金銭トラブルの有無、反社会的勢力等とのつながりの有無を確認する場合もあります。前者を「リファレンスチェック」、後者を「バックグラウンドチェック」などと呼んでおり、これらのサービスを提供する興信所・調査機関も存在します。企業が採用選考のため、このような調査を行うことは可能でしょうか。

（2）　本人の同意の要否

　前述のとおり、職安法指針第5・1（3）では、採用活動を行う企業が応募者の個人情報を収集する場合、本人から直接取得する方法、本人の同意を得た上で本人以外の者から取得する方法、又は本人により公開されている情報から取得する方法によることを原則としており

（職安5の5）、応募者本人の同意なく第三者から個人情報を取得することは原則としてできません。企業がこれに反し、本人に無断で第三者から応募者の個人情報を収集する場合、前述のとおり、職安法に定める応募者の個人情報の適正取得義務や、個情法に定める個人情報の適正取得義務に違反する可能性があります。

　また、社会的差別の原因となるおそれのある事項や思想信条など、そもそも収集してはならない情報については、仮に本人の同意を得たとしても取得できません。このような情報を第三者から聞き出したり、第三者に取得を委託したりすることは、特別な職業上の必要があるなどの例外的な場合を除き、職安法や個情法に違反する可能性が高いといえます（Q2参照）。

（3）　取得すべき同意の内容

　企業が、第三者から応募者に関する情報を取得したり、調査機関に調査を行わせたりする場合、応募者本人から、どのような内容の同意を取得すればよいでしょうか。

　応募者本人から明確な同意が得られたといえるためには、企業から応募者本人に対して、個人情報を取得する目的、取得する個人情報の範囲、想定される調査の内容などを明らかにした上で、本人の同意を得ることが望ましいといえます。また、調査機関から応募者本人に対してこれらの同意を得ることも考えられます。いずれの場合であっても、応募者本人から、身上調査による個人情報の取得について同意が得られたことが確認できる書面等を取得しておくのが望ましいでしょう。

（4）　調査機関を選定する際の注意点

　企業が身上調査のための調査機関を選定する場合、プライバシー侵害などの違法な調査がされたという指摘を避けるため、次のようなポイントに注意すべきと考えられます。

① 調査にあたり本人の同意を得ることを必要としているか
② 調査の方法に素行調査などプライバシー侵害性の高い方法が含まれていないか
③ 調査対象となる項目に、社会的差別の原因となるおそれのある事項や思想信条など、本人の同意があっても取得できない情報につながる項目が含まれていないか
④ 厳格な情報セキュリティ基準を置いているか

3 SNSを活用した情報取得

　近年、企業の採用担当者が採用活動に際して、インターネットを検索し、応募者本人や応募者の周辺の人物によるSNSの投稿から、応募者に関する情報を得る場合が増加しています。また、企業が調査会社に委託して、応募者のSNSアカウントを探索させるケースも登場しています。このようにSNSから応募者の情報を取得し、採用選考の資料とする場合の注意点は以下のとおりです。

　（1）　応募者本人のSNSからの情報取得の可否

　SNSの投稿はインターネット上で公開されており、不特定多数が閲覧することが可能です。職安法指針によっても、「本人により公開されている個人情報を収集する等の手段」は本人の同意なく行うことができるとされており、応募者本人がSNSに投稿した情報を取得することは原則として可能です。

　ただし、SNSから得られた応募者の思想・信条や社会的差別の原因となる情報を用いた選考を行う場合、採用選考の公正を欠き不適切であると判断される可能性があります（厚生労働省「公正な採用選考の基本」）。

　（2）　第三者のSNSからの情報取得の可否

　応募者の家族、友人、前職の同僚、大学の先生など、応募者以外の

第三者がSNSで不特定多数に向けて発信している投稿内に応募者に関する情報が含まれている場合があります。これら第三者による投稿は、応募者が公開に同意しているかどうか分かりません。これらの投稿の中に、応募者の思想・信条など、本人の同意があっても取得できない情報（Ｑ３参照）が含まれている可能性も高く、それらの情報を取得することが違法とされる可能性があります。

加えて、個情法20条２項は、職安法指針とは別に、あらかじめ本人の同意を得ることなく、人種、信条、社会的身分等の要配慮個人情報（個情２③）（Ｑ２参照）を取得することを禁止しています（インターネット上に公開された応募者の要配慮個人情報を単に閲覧する行為は要配慮個人情報の取得には当たらないとされますが、それを転記した場合には取得に当たる可能性があります（個情QA・Q４-８）。例えば、インターネットに公開された応募者の要配慮個人情報を採用の稟議書等に記載する行為は、個情法20条２項に違反する可能性があります。）。応募者以外のSNSの投稿内に、これら要配慮個人情報が含まれている場合、それらの情報を採用目的で取得する行為は、同項に違反する可能性があります。

応募者以外のSNSからの情報収集を行うことは、結果として違法な情報取得に当たる可能性があるため避けるべきでしょう。

（３）　鍵付きアカウントからの情報取得の可否

応募者自身によるSNSの投稿であっても、いわゆる鍵付きアカウントから投稿されているなど、閲覧可能なユーザが制限されている場合があります。

これら鍵付きアカウントに掲載された情報は、応募者本人が公開している情報とは言い難く、本人の同意なく取得することは個情法に反する可能性があります。

また、投稿を閲覧するため、企業の人事担当者であることを隠して

フォローの承認を申請して閲覧することは、応募者が結果としてフォローを承認したとしても個人情報の収集について本人の同意が得られているとは言い難く、避ける必要があります。

（4）　応募者にSNSアカウントを開示させることは可能か

　企業が採用活動にあたり、応募者に採用選考の条件としてSNSアカウントを開示するよう求めることは可能でしょうか。このような要求をした場合、応募者にとって立場の弱さから、拒否が困難であることは容易に想像できます。そして、SNSの投稿内には応募者の社会的背景や、思想・信条に関する情報が含まれている可能性が高く、応募者にそれらの情報の開示を事実上強要することにつながりかねません。

　このような要求は、それ自体が法的に禁止されているわけではないものの、不当に私生活に介入をする企業であると見なされるおそれもあり、逆にそのような情報がSNSで拡散されることも考えられます。そのようなリスクを考えた場合、応募者にSNSアカウントの開示を求めることは避けるべきであると言えます。

　また、調査会社に委託するなどしてSNSアカウントを探索することは、それ自体が本人の同意を得ない個人情報の収集に当たり、職安法指針第5・1（3）に違反することにもなりかねませんので、このような調査はすべきでないと考えられます。

Q6 応募者側で、企業側に提供しなければならない情報はありますか。また、企業側で応募者の経歴等が正しいものか否かはどのように判断すればよいでしょうか。

A 応募者から企業側に対して、一般的に提供しなければならない情報はありません。ただし、企業側の質問に回答する場合、真実告知義務を負いますので、採用後にかかる義務違反が発覚した場合、その内容によっては経歴詐称等の懲戒事由となり得ます。

また、企業側として、応募者の経歴等が正しいものか否かは、応募者本人の面接や、リファレンスチェック、SNS投稿の閲覧等により確認することが考えられますが、個情法をはじめとする法令の規制に注意する必要があります。

〔山本 佑〕

解説

1 応募者側から使用者に提供が必要な情報

（1） 応募者に自発的な告知義務はないこと

法令上、応募者から使用者に対し、情報を提供すべき一般的な義務はありません。また、使用者から質問されていない事項について自発的に告知する義務もないと解されています。

この点について、学校法人尚美学園事件（東京地判平24・1・27労判1047・5）は、前職でパワハラ及びセクハラが問題にされたことを告知しなかった事案において、「告知すれば採用されないことなどが予測される事項について、告知を求められたり、質問されたりしなくとも、雇

用契約締結過程における信義則上の義務として、自発的に告知する法的義務があるとまでみることはできない」と示しました。

(2) 使用者の質問に回答する場合の真実告知義務

使用者には、応募者の採用を判断するにあたって、その判断資料を得るための調査の自由が認められており、応募者に対して質問することができます（当該調査の自由は法令の規制やプライバシー等との関係で無制限に認められるものではありません。この点についてはＱ１を参照してください。）。

前記(1)のとおり応募者には自発的な告知義務はありませんが、応募者が使用者の質問について回答する場合には、応募者は真実告知義務を負うと解されています。

この点について炭研精工事件（東京高判平3・2・20労判592・77）は、「雇用関係は、労働力の給付を中核としながらも、労働者と使用者との相互の信頼関係に基礎を置く継続的な契約関係であるということができるから、使用者が、雇用契約の締結に先立ち、雇用しようとする労働者に対し、その労働力評価に直接関わる事項ばかりでなく、当該企業あるいは職場への適応性、貢献意欲、企業の信用の保持等企業秩序の維持に関係する事項についても必要かつ合理的な範囲内で申告を求めた場合には、労働者は、信義則上、真実を告知すべき義務を負うというべきである」と示しました（最高裁もこの判断を是認。最判平3・9・19労判615・16）。

したがって、使用者の質問に虚偽の回答をした応募者は、採用後に虚偽が発覚した場合、経歴詐称等を理由に懲戒処分や内定取消しの可否等として問題になり得ます。

(3) その他

使用者は、労働者名簿を作成する義務がありますので（労基107）、応募者は、少なくとも採用までに、労働者名簿記載事項のうち氏名、生

年月日、性別、住所の情報を提供する必要があります。なお、採用後における雇用保険の給付申請等のため、提供が必要となる情報もあります。

2　応募者側の属性等により提供が必要な情報

応募者の属性等によっては、事実上提供が必要となる情報があります。主なものは以下のとおりです。

（1）　障害者である場合

使用者は、募集及び採用において、障害者に対する合理的配慮の提供が義務付けられており（障害雇用36の2）、障害者でない者との均等な機会の確保の支障となっている事情を改善するため、当該障害者の障害の特性に配慮した必要な措置をとる必要があります。

この合理的配慮の提供は、障害者からの申出があった場合に限りますので（障害雇用36の2）、合理的配慮を希望する応募者は、自身が障害者である旨及び合理的配慮を希望する旨を使用者に申し出る必要があります。

なお、合理的配慮提供義務の具体的な考え方等については、障害雇用促進法36条の5第1項に基づく指針（「雇用の分野における障害者と障害者でない者との均等な機会若しくは待遇の確保又は障害者である労働者の有する能力の有効な発揮の支障となっている事情を改善するために事業主が講ずべき措置に関する指針」（平27・3・25厚労告117））を参照してください。

（2）　外国人である場合

外国人は、日本に在留するには、必ず在留資格が必要となります（入管2の2①）。また、外国人は、日本人と異なり、在留資格の範囲毎に就労できる業務の種類や期間が異なります。

そのため、使用者は在留資格で許可された範囲でしか外国人を就労させることができません。当該外国人が就労することのできない在留

資格で就労した場合や、在留資格において就労可能とされている職種以外の業務を行うと、「不法就労」となり、使用者は不法就労助長罪に該当する可能性があります。

そのため、採用後に就労を予定している業務が「不法就労」に該当しないか確認するため、応募者から使用者に対して在留カード等を示し、在留資格等の情報を提供する必要があると考えられます。

(3) 新規中卒・高卒予定者の場合

新規中卒・高卒予定者の募集採用においては、その他通常の募集採用とは異なる様々なルールが設けられており、その一つとして、全国統一的な応募書類の規制があります。

具体的には、新規高卒予定者には、厚生労働省、文部科学省及び全国高等学校長協会の協議のもとに定められた「全国高等学校統一用紙」を、また、新規中卒予定者には、文部科学省及び厚生労働省の協議により定められた「職業相談票（乙）」を用いる必要があり（職安5の5、職安法指針第5・1(4)）、使用者が独自の応募書類を設けることは禁止されています。

そのため、新規中卒・高卒予定者は、これら所定の応募書類に基づき各書類の記載事項に基づき応募情報を各企業へ提供することとなります。

(4) 未成年者の場合

未成年者が単独で法律行為をすることは制限されていますので、未成年者が雇用契約を締結するには、親権者又は後見人の同意が必要となります（民5①）。そのため、未成年者が採用選考を経て雇用契約を締結するに際しては、親権者又は後見人の同意書を取得し、使用者へ提供する必要があります。

3 使用者による応募者の経歴等が正しいかの判断方法

　あらかじめ履歴書等を通じて取得していた経歴等について、不明点や矛盾点等があれば応募者との面接において個別詳細に確認します。もっとも、面接により応募者本人から取得する情報で、その経歴等が正しいか否かを判断するには限界があります。

　そこで、使用者から当該応募者の前職又は現職の職場や学校等の関係者に対し、応募者の勤務状況や人柄等を照会する方法（リファレンスチェック）が考えられます。ただし、応募者の経歴等は個人情報に該当しますので、職安法指針第5・1（3）等の規制に基づき、本人の同意に基づき実施する必要があります。

　また、近年、SNSの広がりにより応募者が自身の経歴等をSNSを通じてインターネット上に公開していることも多いです。そのため、使用者の担当者がインターネットを検索し、応募者本人や応募者の周辺の人物によるSNS投稿を閲覧し、あらかじめ応募者から提供を受けている経歴等の情報と整合するか確認する方法も考えられます。

　ただし、以上のリファレンスチェック及びSNS投稿の閲覧はいずれも応募者のプライバシーや、個情法をはじめとする法令の規制に抵触しないよう注意が必要です（Q5を参照してください。）。

Q7
労働者を募集採用するにあたって、企業側で労働者に提供しなければならない情報はありますか。また、どのような方法で提供することができますか。

A
労働者の募集採用に際しては、その募集時と採用時に、それぞれ所定の労働条件を明示する必要があります。明示方法は、書面の交付によるほか、一定の条件を満たせばファクシミリや電子メール等によることも可能です。

〔山本 佑〕

解 説
1 募集の際の明示
（1） 明示内容

使用者は、労働者の募集に際しては、募集に応じて労働者になろうとする者に対し、当該募集に関する「従事すべき業務の内容及び賃金、労働時間その他の労働条件」を明示しなければなりません（職安5の3①）。

具体的に明示すべき条件は、以下のものです（職安則4の2③）。

① 労働者が従事すべき業務の内容に関する事項
② 労働契約の期間に関する事項
③ 試用期間に関する事項
④ 就業の場所に関する事項
⑤ 始業及び終業の時刻、所定労働時間を超える労働の有無、休憩時間及び休日に関する事項
⑥ 賃金（臨時に支払われる賃金、賞与及び労基法施行規則8条各号に掲げる賃金を除く。）の額に関する事項

⑦　健康保険法による健康保険、厚生年金保険法による厚生年金、労働者災害補償保険法による労働者災害補償保険及び雇用保険法による雇用保険の適用に関する事項
⑧　労働者を雇用しようとする者の氏名又は名称に関する事項
⑨　労働者を派遣労働者として雇用しようとする旨
⑩　就業の場所における受動喫煙を防止するための措置に関する事項

　①及び④については、令和6年4月1日施行の改正職安法規則により、明示すべき事項として、従事すべき業務の変更の範囲、就業場所の変更の範囲、また有期労働契約を更新する場合の基準（通算期間又は更新回数の上限を含みます。）も追加されましたので、注意が必要です。

（2）　明示方法
　前記(1)の労働条件の明示方法は、書面交付の方法によるか、交付を受けるべき者が希望した場合にはファクシミリや電子メール等によることも可能です（職安則4の2④）。ちなみに「電子メール等」とは、具体的には、電子メールのほかLINEやFacebook等のSNS上のメッセージ機能等を利用した電気通信が該当するとされています（厚生労働省職業安定局「募集・求人業務取扱要領」（令和6年10月）11・12頁）。
　また、職安法指針第3・1では、明示にあたって遵守すべき事項が規定されていますので、留意する必要があります。

（3）　明示時期
　前記(1)の労働条件の明示は、原則として募集主又は募集受託者が応募者と最初に接触する時点までに明示が必要です（職安法指針第3・1(4)イ）。具体的には、面接、メール、電話などにより、応募者との間で意思疎通（面接の日程調整に関する連絡等を除きます。）が発生する時点をいうとされています（「募集・求人業務取扱要領」13頁）。
　しかし、この段階で示された労働条件が、そのまま最終の労働条件になるとは限りません。そこで、前記(1)の明示後に、その内容に変

更、特定、削除、又は追加する場合には、労働契約締結前に改めて明示する必要があります（職安5の3③、職安則4の2①②）。

（4）　その他（的確表示等）

以上に加え、令和4年10月1日施行の改正職安法に基づき、広告等により募集等に関する情報を提供するにあたって、①正確かつ最新の内容に保つための措置を講じること、②虚偽の表示・誤解を生じさせる表示をしてはならないことが義務付けられました（職安5の4、職安法指針第4）。

この①正確かつ最新の内容に保つための措置とは、例えば以下の措置です（職安法指針第4・3）。

・募集を終了・内容変更したら、速やかに募集に関する情報の提供を終了・内容を変更する。

　例：自社の採用ウェブサイト等を速やかに更新する。

・求人メディア等の募集情報等提供事業者を活用している場合は、募集の終了や内容変更を反映するよう速やかに依頼する。

・いつの時点の求人情報か明らかにする。

　例：募集を開始した時点、内容を変更した時点　等

・求人メディア等の募集情報等提供事業者から、募集情報の訂正・変更を依頼された場合には、速やかに対応する。

（5）　募集時に提示した条件に誤りがある場合

募集に際して、実際とは異なる条件を明示してしまった場合、明示された条件が労働契約の内容となるか、争いとなります。募集に際して提示した条件は、直ちに労働契約の内容となるものではありません。もっとも、求人票等によって提示された条件について、特段の説明や合意をしないまま就労している場合について、提示された条件どおりの労働契約の成立を認めた裁判例もあります。例えば、求人票に「退職金有り」と記載があった事案で退職金請求権を認めた丸一商店事件（大阪地判平10・10・30労判750・29）、求人票に「常用」と記載があった事

案で無期労働契約を認めた千代田工業事件（大阪高判平2・3・8判タ737・141）があります。また、求人票どおりの労働契約の成立を認めたうえで、山梨県民信用組合事件（最判平28・2・19判時2313・119）を参照して、労働条件の変更に必要な労働者の自由な意思に基づく同意の有無を検討した福祉事業者A苑事件（京都地判平29・3・30判時2355・90）などがあります。

　また、募集段階で提示した条件が労働契約内容として認められないとしても、採用に至る具体的なやり取りによっては、契約締結過程における信義則違反として不法行為に基づく損害賠償責任が認められる場合もあります。このような例としては、採用面接及び説明会において中途採用者について「給与条件につき新卒採用者と差別をしない」旨の説明をし、誤信させたことについて損害賠償責任を認めた日新火災海上保険事件（東京高判平12・4・19労判787・35）があります。

2　労働契約締結の際の明示
（1）　明示内容

　使用者は、労働契約の締結に際し、賃金・労働時間その他の労働条件を労働者に明示する必要があります（労基15①）。明示された労働条件が事実と相違する場合には、従業員は即時に労働契約を解除することができます（労基15②）。

　必ず明示しなければならない条件は、以下のものです（労基則5①）。
① 　労働契約の期間に関する事項
② 　期間の定めのある労働契約を更新する場合の基準に関する事項
③ 　就業の場所及び従事すべき業務に関する事項
④ 　始業及び終業の時刻、所定労働時間を超える労働の有無、休憩時間、休日、休暇並びに労働者を二組以上に分けて就業させる場合における就業時転換に関する事項
⑤ 　賃金（退職手当及び労基法施行規則5条1項5号に規定する賃金

を除く。)の決定、計算及び支払の方法、賃金の締切り及び支払の時期並びに昇給に関する事項
⑥　退職に関する事項（解雇の事由を含む。）

また、使用者が定めをしている（制度として行う）場合には、次の条件も明示する必要があります。
⑦　退職手当の定めが適用される労働者の範囲、退職手当の決定、計算及び支払の方法並びに退職手当の支払の時期に関する事項
⑧　臨時に支払われる賃金（退職手当を除く。)、賞与及び労基法施行規則8条各号に掲げる賃金並びに最低賃金額に関する事項
⑨　労働者に負担させるべき食費、作業用品その他に関する事項
⑩　安全及び衛生に関する事項
⑪　職業訓練に関する事項
⑫　災害補償及び業務外の傷病扶助に関する事項
⑬　表彰及び制裁に関する事項
⑭　休職に関する事項

ただし、令和6年4月1日施行の改正労基法施行規則等により、明示すべき事項として、従事すべき業務及び就業場所の変更の範囲、有期労働契約を更新する場合の基準（通算期間又は更新回数の上限を含みます。）も追加されたほか、無期転換申込権が発生する契約の更新時には無期転換申込み機会の明示が必要となりますので、注意が必要です。当該改正法については「令和5年改正労働基準法施行規則等に係る労働条件明示等に関するQ＆A」（厚生労働省）も参照してください。

（2）　明示方法

前記(1)の明示事項のうち、①から⑤（⑤のうち、昇給に関する事項を除きます。）について、従来は、必ず書面の交付による必要がありました（この書面の交付は、明示事項を記載した就業規則を当該従業員に適用される部分を明確にして交付することでも果たすことができます。）。その後、平成30年4月1日施行の労基法施行規則改正により、

労働者が希望した場合には、ファクシミリや電子メール等によることも可能となりました（労基則5④ただし書）。

なお、前記(1)の明示事項のうち⑦から⑭の労働条件については、任意の方法により明示すれば足ります。

(3) 明示時期

前記(1)の労働条件の明示は、「労働契約の締結に際し」行う必要があります（労基15①）。ここで「労働契約の締結」には有期労働契約の更新や定年後の再雇用も含まれます（厚生労働省労働基準局『令和3年版　労働基準法　上』237頁（労務行政、2022））。

また、採用内定により労働契約が成立していると認められる場合には、採用内定に際して当該明示を行う必要があります。

3　その他の明示

以上のほか労働条件の明示を定めるものとして、パート・有期労働者については、パート有期法が昇給・退職手当・賞与の有無及び相談窓口を書面の交付により明示しなければならないとされています（パート有期6①）。また、派遣労働者については、派遣法が派遣元事業主により派遣労働者に対し、派遣先の就業条件等（労働者派遣であること、業務の内容、事業所の名称・所在地、指揮命令者等）を書面の交付により明示しなければならないとされています（派遣34、派遣則26）[注]。いずれの明示も、前記募集採用や労働契約締結時の明示と同様、派遣労働者が希望する場合には、ファクシミリ又は電子メール等により明示することができます。

（注）　本文記載のもののほか、建設労働者雇入れ時の明示（建設労働者の雇用の改善等に関する法律7）や新卒者の募集に際して応募者等から求めがあった場合の募集採用状況等の提供義務等が挙げられます（青少年の雇用の促進等に関する法律13、同施行規則4）。

第1章　労働者の個人情報の取得及び利用　　　　51

　　採用時に取得した応募者情報は自由に利用することができますか。また、不適正利用とされることがありますか。

　A　　適正に取得された応募者情報であっても、違法又は不当な行為を助長し、又は誘発するおそれがある方法によって利用することは、不適正利用として禁止されています。

〔末　啓一郎〕

　解　説

1　応募者情報の利用

　個情法は、個人情報の取得にあたって、利用目的の特定及び通知等を必要とし（個情17・21）、また要配慮個人情報は本人の同意がなければ取得できないとしています（個情20②）。それらを満たして取得した応募者情報についても、企業がこれを全く自由に利用できるわけではありません。利用は採用目的の範囲内での利用に限られていますし（職安5の5）（Q4参照）、採用目的の範囲内であっても不適正な利用が禁じられています（個情19）。

　不適正利用となるのは「違法又は不当な行為を助長し、又は誘発するおそれがある方法」（個情19）によって利用する場合です。ここでいう「違法又は不当な行為」とは、法令に違反する行為や、直ちに違法とはいえないものの、個情法その他の法令の制度趣旨又は公序良俗に反する等、社会通念上適正とは認められない行為をいい（個情GL（通則編）3－2）、必ずしも個情法に違反したり、個情法に照らして不当であると考えられる行為だけが問題とされているわけではありません。個

情法GL（通則編）3－2は、「採用選考を通じて個人情報を取得した事業者が、性別、国籍等の特定の属性のみにより、正当な理由なく本人に対する違法な差別的取扱いを行うために、個人情報を利用する場合」を不適正な利用の例として挙げています。

2 応募者情報の不適正利用に該当する場合

　具体的にどのような場合が応募者情報の不適正利用に当たるのでしょうか。応募者情報の取得における検討（Q3参照）の際に使用した各情報の分類に基づいて検討することとします。
（1）　病歴、障害の有無、健康状態（心身の問題状況）
　グループAに属する情報は、要配慮個人情報として、取得について同意を必要とします。例えば、B型肝炎ウィルスの感染状況については、本人の同意のない検査を行ったことについて、不法行為として損害賠償が認められた事案（東京地判平15・6・20労判854・5）があるように同意のない取得は違法とされますし、取得の後についても、HIV検査による感染結果を理由とした、退職勧奨や解雇が違法であるとされた判決（千葉地判平12・6・12労判785・10、東京地判平15・5・28判タ1136・114）などがあるとおり、その利用が不合理な差別として違法とされることがあり得ます。それらは、違法又は不当な行為を助長し、又は誘発するおそれがある方法によって利用することでもあるといえますので、個情法19条によっても禁止されるものとなります。
（2）　住所、氏名、性別、年齢、国籍、学歴、職歴、各種の資格の
　　　有無、容姿、身だしなみ、婚姻状況、子供の有無、両親と同居
　　　の有無（居住状況）及び反社性
　グループBに属する情報は、応募者の特定に関する情報（住所、氏名、性別、年齢等）や応募者の能力や適性に関する情報（学歴、職歴、各種の資格の有無、反社性等）、社会保険や各種手当に関して必要とな

り得る情報（婚姻状況、子供の有無、両親と同居の有無（居住状況）等）等、「業務の目的の達成（当該応募者の採否決定）に必要」なものであり、またこれらグループBに属する情報については、いずれも要配慮個人情報に該当しないものであるため、取得の目的を明らかにして収集することが許されるものであると考えられます。そして、氏名、年齢、性別等の応募者の基本情報については、基本的に自由に利用することができると考えられます。

　もっとも、性別・婚姻状況・子供の有無、両親と同居の有無等に関して均等法は、雇用機会の付与、募集・採用条件、求人情報の提供、採用選考、採用決定などの全ての段階において男女異なる取扱いをしないことを求めています（均等5）。したがって、これらの情報を利用し、採用にあたって男女で異なる取扱いをすることは、均等法に違反し、個情法上も不適正利用に該当するものと考えられます（個情GL（通則編）同旨）。

　また、年齢について労働施策総合推進法は、原則として労働者の募集及び採用について、その年齢にかかわりなく均等な機会を与えなければならないとしており（労働施策総合推進9）、これに関して、合理的な理由のないまま、年齢のみを画一的に採否判断に使用する場合は、違法、不当な行為であるとして、個情法上も不適正利用に該当するものと考えられます。

（3）　性的指向、家庭環境（親の状況）、宗教、組合加入歴、組合活動歴、信用情報、破産情報等並びに民族、門地及び組合加入状況

　グループC及びDに属する情報は、応募者にとって、採用者に対して知られたくない情報であることが推測されるものであり、また要配慮個人情報とはされていませんが、いずれも採否決定の上で必ずしも必要とは言い難いものであって、職安法上取得が制限されるものであると考えられます。

したがって、企業がこれを取得する場合としては、応募者から自発的に情報提供がなされたような例外的な場合が考えられますが、仮に情報を取得できたとしても、これらの情報に基づいて合理的理由なく差別的な取扱いを行う場合には、個情法上も不適正利用に該当し得るものと考えられ、慎重な取扱いを必要とするといえます。

（4）　民族、門地及び組合加入状況

グループDに属する情報は、職安法指針において、「業務の目的の達成に必要不可欠であって、収集目的を示して本人から収集する」場合以外に、取得ができないものとされており、採用の成否を決める上で、これらの情報取得が必要不可欠であると考えられる場合は想定し難いため、原則として取得が禁止される情報と考えられます。

したがって、企業がこれを取得する場合としては、上記同様応募者から自発的に情報提供がなされたような例外的な場合が考えられますが、仮に情報を取得できたとしても、これらの情報に基づいて合理的理由なく差別的な取扱いを行う場合には、労働組合法及び民法の一般原則から違法、不当となるものと考えられ、個情法上も不適正利用に該当し得るものと考えられ、慎重な取扱いを必要とするといえます。

（5）　犯罪歴、思想・信条、人種、社会的身分

グループE及びFに属する情報は、要配慮個人情報とされているだけでなく、職安法指針において、「業務の目的の達成に必要不可欠であって、収集目的を示して本人から収集する」場合以外に、取得ができないものとされているところ、採用の成否を決める上で、これらの情報取得が必要不可欠であると考えられる場合は、グループEの犯罪歴以外想定しがたいため、原則として取得が禁止される情報であると考えられます。

したがって、これらについても、企業がこれを取得する場合としては、応募者から自発的に情報提供がなされたような例外的な場合が考

えられますが、仮に情報を取得できたとしても、これらの情報に基づいて合理的理由なく差別的な取扱いを行う場合には、民法の一般原則から違法、不当となるものと考えられ、個情法上も不適正利用に該当し得るものと考えられ、慎重な取扱いを必要とするといえます。

（6） 犯罪被害歴、本籍、出生地

グループＧに属する情報のうち、犯罪被害歴は要配慮個人情報とされており、また、本籍、出生地につきましては、要配慮個人情報とは明確に規定されておりませんが、それらに該当し得るものであります。そして、これらはそもそも採否を決定する上で必要（業務の目的の達成に必要）な情報であるとは考え難いだけでなく、深刻な差別にもつながりかねない情報として、応募者から取得することは絶対に許されない情報であると考えられます。

これらのうち、出生地については、面談の際の話題の中で応募者から提供される場合もあり得るところですが、センシティブな情報となり得るものであり、採否にあたって考慮の対象外とすべきものと考えられます。

Q9 ITを利用した採用支援サービスにはどのようなサービスがありますか。また、マッチングサービスとはどのようなサービスでしょうか。

A ITを利用し求人者と求職者の間の情報を仲介するマッチングサービスが盛んに利用されていますが、職安法が改正され、マッチングサービスについても一定の法的規制がされるようになりました。マッチングサービスを提供する場合には、法的規制が該当するか否かを判断するとともに、応募者情報の取扱いにも留意する必要があります。

また、マッチングサービスを利用する企業は、適切な情報開示がなされているかを確認することが求められます。

〔安藤　広人・中山　達夫〕

解説

1　求職マッチングサービスと職安法の改正

インターネットの発展は、情報の流通コストを劇的に下げ、取引を仲介する市場によってあらゆるモノ、サービスが仲介されるようになっています。これは労働市場においても例外ではなく、求人者と求職者の間の情報を仲介する、いわゆるマッチングサービスが多数生まれてきています。このようなマッチングサービスについては、既存の労働法体系では想定されていない形態も出現してきており、整理が必要な状況にあります。

厚生労働省は、このようなマッチングサービスの現状について分析を行い、職安法を改正し、マッチングサービス等の幅広く求人情報・求職者情報を提供する事業を法的に位置付け、依拠すべきルールを明確にしました（令和4年改正職安法）。

2　マッチングサービスを開始するにあたっての留意事項

　マッチングサービスを事業として開始するにあたっては、①自社サービスが職安法等でどのように規制されているかを判断し、その規制に従うこと、②求職者、求人者の情報の管理を適切に行うことが必要です。

（1）　マッチングサービスについての規制

　マッチングサービスを開始するにあたっては、行おうとしているマッチングサービスが、職安法に定められた職業紹介事業及び募集情報等提供事業に該当しないかを判断し、類型に応じて行政から許認可を取得し、法で定められた事項を遵守して事業を運営しなければなりません。

　　ア　職業紹介事業

　職業紹介事業とは、職業紹介を業として行うこと、すなわち、求人者と求職者との間をとりもって雇用関係の成立が円滑に行われるように第三者として世話することを業として行うことをいいます（職安4①）。職業紹介を行う場合には、厚生労働大臣の許可が必要です（職安30①・33①）。

　　イ　募集情報等提供事業

　募集情報等提供事業とは、労働者となろうとする者の情報、又は、労働者の募集に関する情報を、それぞれ、求人者、求職者又は他の職業紹介事業者に提供する事業のことをいいます（職安4⑥各号）。募集情報等提供事業者一般については、特に許認可は必要ありませんが、求職者に関する情報を収集して行う場合には、特定募集情報等提供事業者となり、厚生労働大臣に対する届出が必要となります（職安43の2①）。求職者に関する情報には、個人情報のほか、個人を識別することができない情報であっても、個人の経歴やメールアドレス、サイトの閲覧履歴、位置情報等を含みます。

　　ウ　職業紹介事業と募集情報等提供事業の違い

　職業紹介事業及び募集情報等提供事業のいずれも、求人情報や求職

情報をそれぞれ求職者や求人者に提供する点では類似の業務を行っています。しかし、職業紹介事業は、雇用関係の成立が円滑に行われるように働きかけを行う点で募集情報等提供事業と異なっています。

具体的には、次のような行為を事業として行う場合には、職業紹介事業に該当します。
① 求職者に関する情報又は求人に関する情報について、当該者の判断により選別した提供相手に対してのみ提供を行い、又は当該者の判断により選別した情報のみ提供を行うこと。
② 求職者に関する情報又は求人に関する情報の内容について、当該者の判断により提供相手となる求人者又は求職者に応じて加工し、提供を行うこと。
③ 求職者と求人者との間の意思疎通を当該者を介して中継する場合に、当該者の判断により当該意思疎通に加工を行うこと。

また、職業紹介事業と募集情報等提供事業とはそれぞれが独立の概念であり、募集情報等提供事業が職業紹介事業の一部として行われている場合には、全体として職業紹介事業に該当するとして、職業紹介事業の許可等が必要となります。

	定　義	許認可の要否
職業紹介事業	求人者と求職者との間をとりもって雇用関係の成立が円滑に行われるように第三者として世話することを業として行う。	許可が必要
募集情報等提供事業	労働者となろうとする者の情報、又は、労働者の募集に関する情報を、それぞれ、求人者、求職者又は他の職業紹介事業者に提供することを業として行う。	特定募集情報等提供事業のみ届出が必要

（2） 規制内容

職業紹介事業、募集情報等提供事業（以下、「職業紹介事業者等」といいます。）のいずれも職安法が適用される事業であり、職安法が定める次のような事項について留意して業務を行う必要があります。

① 均等待遇に関する事項

業務を行うについて人種、国籍、信条、性別、社会的身分、門地、従前の職業、労働組合の組合員であること等を理由として、差別的な取扱いをしてはなりません（職安3）（Ｑ１参照）。

また、対象から男女のいずれかを排除する内容の労働者の募集に関する情報の提供を行う等均等法に違反する求人情報の提供等を行ってはいけません。

② 労働条件等の明示

求職者に対して、従事する業務の内容や賃金、労働時間等の労働条件を速やかに明示する必要があります（職安5の3①）（Ｑ７参照）。

③ 求人等に関する情報の的確な表示

求人情報や求職者情報の提供にあたっては、虚偽の表示や誤解を生じさせる表現をしてはいけません（職安5の4①）。また、その情報については正確かつ最新の内容に保つための措置を講じなければなりません（職安5の4③）。

④ 個人情報の適切な取扱い

求職者の個人情報については、業務の目的の達成に必要な範囲で、利用目的を明らかにした上で収集し、利用目的の範囲内で保管及び使用しなければなりません（職安5の5）。

（3） 求職者の個人情報の取扱いスキーム

職業紹介事業者等がその業務を行うにあたり扱う求職者の個人情報については、前述のように職安法に規制があるところですが、職業紹介事業者等が行うビジネススキームに応じて、求職者の個人情報を取

得するのが、職業紹介事業者等なのか、あるいは求人者であるのかいずれかであるのかについて確定しておかなければなりません。

まず、職業紹介事業者等が取得するというスキームにする場合、職業紹介事業者等が求職者の情報を求人者に提供するためには、求職者から、求職者情報の第三者提供を認める旨の同意を取得しておかなければなりません（個情27①）。求職者は求人者側に自らの個人情報が提供されることをむしろ期待しているといえ、黙示の同意が認められる可能性もありますが、事業者側では同意が必要であるとの認識の下で事業を構築するべきでしょう。

また、求人者が取得するというスキームにする場合、職業紹介事業者等は求人者の委託先として求職者の個人情報を取得し、求人者に提供することになります。この場合、委託に伴う提供（個情27⑤一）として、求人者と職業紹介事業者等との間の求職者の個人データのやり取りについて第三者提供の同意は必要ないと考えられます。もっとも、この場合には、委託を行った求人者以外の求人者に対して提供することはできないということになります。

3 マッチングサービスを利用して求人をするにあたっての留意点

現在ではマッチングサービスを利用して求人をすることが一般的になっていますが、労働条件の明示や求人情報の的確な表示等の求職者が負う義務は、マッチングサービスを利用することによっても免除されるものではなく、依然として求職者が負っています。そこで、マッチングサービスを利用する際には、労働条件等が明示されているか、求人等の情報が的確に表示されているか等の義務を果たしているかを確認することになります。

第1章　労働者の個人情報の取得及び利用　　61

Q10 当社では、採用の際にAIによる応募者情報のプロファイリングを活用し、その結果を応募者の採否の判断の際に考慮しています。これについて法律上注意すべきポイントはありますか。

A 個情法や労働法（職安法）では採用の際の個人情報の収集や活用について規制があります。また、法的規制だけでなく、AI倫理の観点からのレピュテーションリスク・コンプライアンス等にも配慮する必要があります。

〔丸田　颯人〕

解説

1　プロファイリングによる応募者情報の分析の問題点

（1）　現代的プロファイリング

プロファイリングと聞いて、刑事ドラマ等での犯罪者の行動分析が思い浮かんだ読者が多いのではないかと思いますが、本書で扱うプロファイリングは、もっと広い意味での情報の分析であり、例えばAmazonやYouTubeのレコメンド機能（閲覧者の履歴情報に基づき、閲覧者の選好に適合しそうなコンテンツをお勧めする機能）などがその身近な例として挙げられます。

プロファイリングの明確な定義は日本においては確立されていませんが、EUの個人情報保護のための規則であるGDPR（一般データ保護規則）4条4号では、「自然人と関連する一定の個人的側面を評価するための、特に、当該自然人の業務遂行能力、経済状態、健康、個人的嗜好、興味関心、信頼性、行動、位置及び移動に関する側面を分析また

は予測するための、個人データの利用によって構成される、あらゆる形式の個人データの自動的な取扱い」であるとされています。

　GDPRのプロファイリングに関するガイドラインによりますと、プロファイリングは、①自動化された取扱いの形式でなければならない、②個人データについて実施されなければならない、③プロファイリングの目標は、自然人についての個人的側面を評価するものでなければならない、という3つの要素を含むものであるとされています。

　プロファイリングについてGDPRではこのような定義が置かれているのですが、もっと古典的な意味でのプロファイリング、つまりいくつかの限られた個人情報から特定の人物の行動を分析し、予測するという意味でのプロファイリングの概念は、ずっと以前から存在しています。このような古典的プロファイリングと、現代的プロファイリングとの相違は次のような点にある旨の指摘がなされています。

① 　データ量（プロファイリングの際に用いられるデータの量（山本龍彦「ビッグデータ社会とプロファイリング」論究ジュリスト18号35頁（2022）））
② 　自動性（アルゴリズムがコンピュータ上で自動的に対象者の個人的側面を予測する）
③ 　科学的信憑性（豊富なデータ量と人間の直感を排した自動処理によって行われる）
④ 　意外性（人間が予見し難い意外性の高いデータの活用）
⑤ 　項目の広範性・細目性（細かい個人的事項までも予測・評価可能）

　上記のような現代的プロファイリングにはAIが使用されることが多いといえます。そしてAIを使用することで、人間が分析するときには不要としていたような情報をも含む大量のデータを自動的に分析され、しかも直感的な判断を完全に排除することが可能となります。

（2）　AIプロファイリングにおける問題点

　上記のようなAIを活用したプロファイリングについての直接的な

法的規制は現在のところ存在していません。その一方で、AIを活用したプロファイリングには次のようなリスクもあると考えられます。AIによるプロファイリングの対象となるデータ自体にバイアスがあればAIは差別的プロファイリングをしてしまうことが考えられますし（例えば、性別を理由に女性を低く評価してきた過去の人事データをデータセットして用いる採用支援AI）、データとしてはバイアスがなくともデータセットの取り方によって数値等の偏りが生じてしまい、AIの判断に歪みが出る場合も生じ得ます（例えば、AI顔認識システムで白人男性の顔画像を主に学習させた場合、アジア人女性の顔画像を正しく認識できません。）。その他、AIは大量の情報を分析し、人間には理解できない思考経路で評価をするため、どのような理由でそのようなプロファイリングになったのかが事後的に検証できない場合が多いといえます。例えば、AIによるプロファイリングに基づいて採用や人事考課において低い評価をしたが、なぜそのような評価になったか説明できないといった状況下では、被評価者の納得を得ることは非常に難しいであろうと考えられます。

　AIプロファイリングには上記のような公平性、透明性・アカウンタビリティなどのAIの特徴に起因する問題が数多くあるといえます。そこで以下では、いくつかの簡単な事例を用いてこれらの問題が表面化する場合について、法律上又は倫理上どのように考えられるかについて検討していくこととします。

2　採用の場面におけるプロファイリングに関する法律上・倫理上の留意点

　まず、採用の場面においてAIによるプロファイリングを活用する場合の法律上の留意点について簡単な事例を用いて解説します。

【事　例】
　X社では新卒採用の際に、AIによるプロファイリング結果も参考に採否を決めることを検討しています。以下のような場合に、法的にどのような問題が生じますか。
① 応募者の情報についてAIによる分析の対象とすることを情報取得の際に目的として明示していなかった。
② 応募者から採否判断の根拠を教えてほしいと要請されたが、AIによる判断が正しいのか分からなかったため、応募者への説明はしなかった。
③ AIによるプロファイリングの基礎となるような情報に、応募者の人種や出自に関する情報を含め、その結果得られた特定の人種や出身地の応募者は不採用とするとのプロファイリング結果に基づき採否を判断した。

（1）　AIによる分析の対象となる旨の通知の問題

　①の設例は、取得した個人情報を使用してプロファイリングをすることを情報取得時に明示していなかったというものであり、情報の取得段階における適正性が問題となる事例です。

　個情法上、個人情報を含むデータを収集する際、利用目的をできるだけ特定する必要があります（個情17）。また、個情法GL（通則編）3-1-1では、「個人情報が個人情報取扱事業者において、最終的にどのような事業の用に供され、どのような目的で個人情報を利用されるのかが、本人にとって一般的かつ合理的に想定できる程度に具体的に特定する」のが望ましいとされており、さらに「本人から得た情報から、行動・関心等の情報を分析する場合に具体的に利用目的を特定している事例」として、具体的な事例が挙げられていることから、AIでの利用や機械学習の利用についても利用目的に含めて特定することを個情委は求めていると考えられます。

第1章　労働者の個人情報の取得及び利用　　65

　このように、取得した個人情報を使用したプロファイリングを行う場合には、取得時点において、上記のような配慮が必要となります。
（2）　答責性・透明性・説明可能性の問題
　②の設例は、プロファイリング結果の根拠を会社が理解できないため、応募者に対する答責性・透明性・説明可能性が損なわれていると考えられる問題です。すなわち、AIにより大量のデータを分析して複雑な予測モデルの構築をすることが可能になったのですが、その分析が複雑すぎて人間が理解できなくなってしまい、AIによるプロファイリングがなぜそのような結果に至ったのかを説明できないという問題が生じています。そこで、このような問題は法律上又は倫理上どのように考えるべきかについて検討します。
　　ア　法律上の問題点
　そもそも会社には採用基準を開示する法的義務はないので、AIを用いるかどうかにかかわらず、採用時にどのような選考をしているかを候補者に説明しなくても、また選考理由を採用者自身が理解していないので説明できないとしても、それ自体で違法となるわけではありません（東京高判昭50・12・22判時815・88）。
　また、三菱樹脂事件判決（最大判昭48・12・12民集27・11・1536）によれば、企業には広い範囲での雇入れの自由があり、企業が労働者の思想・信条を理由としてその採用を拒否したとしても当然には違法にはならないとされています。このような判例に基づくと、AIによる分析が誤っている場合や、会社がAIによる分析結果を過度に重視してしまったような場合であっても、あるいは、AIによる分析に信頼性があるのかについて企業が検証していなかったり、AIによる分析の手法を採用者が理解しないで利用していたとしても、原則としてそのような採用者の採否決定が違法であるとはされないと考えられます。
　　イ　倫理上の問題点
　しかし、経済産業省、日本弁護士連合会、個人情報保護委員会、日本

経済団体連合会、情報処理学会、日本法制学会など、官民学連携のもと、幅広い分野の専門家が参加して組織されたパーソナルデータ＋α研究会の「プロファイリングに関する最終提言」16頁においては「答責性（accountability）、説明可能性（explainability）、解釈可能性（interpretability）、透明性（transparency）などに配慮し、プロファイリングに利用したインプットデータを特定しておくことや解釈可能なモデルの導入を検討すること」が推奨されており、同18頁でも「答責性に配慮すること」の重要性が繰り返し説かれています。

たしかに、採用基準等をあらかじめ具体的に知らせてしまうと、その基準に合うように対策をしてくる応募者が現れる可能性があるため、応募者の本来の能力や人柄を知りたいと考えている会社からすれば、あまり望ましくはないと考えることは理解できます。しかし他方で、どのような基準でAIプロファイリングをしているのかと問われ、それが大きな問題に発展しそうなときに、少なくともAIによるプロファイリングの結果が選考においてどの程度の比重を占めているか、どのような情報をプロファイリングの基礎としているか、人間の判断の介在有無等について説明できるだけの用意をあらかじめしておくことは、有事のダメージコントロールの観点からは有益であろうと考えられます。このような観点からは、「「どの因子が採否判断に影響を与えるか」という程度にはテクノロジーの中身を理解しておく必要があろう」という指摘（労務行政研究所編『HRテクノロジーで人事が変わる』113頁〔倉重公太朗〕（労務行政研究所、2018））は重要であり、採用におけるAIプロファイリングを活用する企業は、これを導入して終わりではなく、当該AIの判断プロセスについても一定程度理解する努力をすることが重要であると考えられます。

（3）　公平性

③の設例は、会社が収集し、AIがプロファイリングの基礎としたデータセットの中に差別を助長するような情報が含まれており、公平性を欠くプロファイリングがなされる可能性があったという例です。

第1章　労働者の個人情報の取得及び利用

ア　法律上の問題点
（ア）　情報の取得

　上記(2)アで検討したとおり、会社には誰を採用するかについて選択の自由があり、その前提として企業には調査の自由が認められています。前掲三菱樹脂事件最高裁判決も、「企業者が、労働者の採否決定にあたり、労働者の思想、信条を調査し、そのためその者からこれに関連する事項についての申告を求めることも、これを法律上禁止された違法行為とすべき理由はない。」としています。これは、採用段階における応募者からの情報取得についても広範な裁量を認めているものと一般的に理解されていました。しかし、近時はこのような判例の射程範囲を限定しようとする考え方も有力となっており、少なくとも採否選択の自由における裁量と比べるとその裁量は広くはなく、少なくとも、調査対象者、すなわち応募者の人格的尊厳やプライバシー保護の必要性などにより制約を受けるものと考えるべきです（Ｑ１参照）。

　したがって、調査については、社会通念上妥当な方法で行われることが必要で、応募者の人格やプライバシーなどの侵害になるような調査は場合によっては不法行為を構成するものと考えられます。

　そして、調査事項についても、企業が質問や調査をなし得るのは応募者の職業上の能力・技能や従業員の適格性に関連した事項に限られると解すべきであると考えられます。この点に関して職安法５条の５第１項も、個人情報保護の観点から、労働者の募集を行う者等は、本人の同意その他正当な事由がある場合を除き、求職者等の個人情報を「収集し、保管し、又は使用するに当たっては、その業務の目的の達成に必要な範囲内で〔中略〕求職者等の個人情報を収集し、並びに当該収集の目的の範囲内でこれを保管し、及び使用しなければならない」と規定しています。これを受けた職安法指針第５・１(２)は、人種等の社会的差別の原因となるおそれのある事項、思想及び信条などにつ

いては原則として収集することを禁止するとともに、同第5・1（3）では「個人情報を収集する際には、本人から直接収集し、本人の同意の下で本人以外の者から収集し、又は本人により公開されている個人情報を収集する等の手段であって、適法かつ公正なものによらなければならない」とされています。

このように、調査事項についての制約があることを踏まえ、プロファイルに使用することができる情報についても、法律上一定の制約があると考えられます。

　　（イ）　情報の利用

前述のとおり、前掲三菱樹脂事件最高裁判決で示されたところによれば、会社が採用の場面で、AIを使って入手した様々なデータからある思想・信条が判明した、あるいはその傾向が示された（例えば特定の政治的思想や宗教の信仰をうかがわせる傾向がある）場合に、それを理由に採用しないとの判断を会社がしたとしても、直ちに違法となるわけではありません。これに基づいて考えると、③の設例のように人種や出自を理由として採用しないということも採用の自由の範囲内であるとして直ちに違法となるわけではないこととなりかねません。

しかし他方で、個情法GL（通則編）は、不適正利用禁止義務（個情19）違反となる事例として「採用選考を通じて個人情報を取得した事業者が、性別、国籍等の特定の属性のみにより、正当な理由なく本人に対する違法な差別的取扱いを行うために、個人情報を利用する場合」を挙げています。個情法GL（通則編）で挙げられている当該事例は必ずしもプロファイリングを直接的に対象とはしていないものではありますが、差別的取扱いを禁止する趣旨であることからすれば、プロファイリングの過程や態様次第では、差別的プロファイリングは不適正利用禁止義務違反になり得ると考えられます。

この点に関して個人情報保護委員会も、令和3年8月の個情法GL

（通則編）改正の際のパブリックコメントに寄せられた意見に対して「プロファイリングに関連する個人情報の取扱いについても、それが『違法又は不当な行為を助長し、又は誘発するおそれがある方法』による個人情報の利用に当たる場合には、不適正利用に該当する可能性がありますが、プロファイリングの目的や得られた結果の利用方法等を踏まえて個別の事案ごとに判断する必要があると考えられます」と回答しており、個人情報保護委員会の考え方としては、不適正利用禁止義務は一定のプロファイリングに対しても及ぶとしていることが明らかになっています。

　もちろん、適法な合理的区別か違法な差別的取扱いかの区別を明確にすることは困難を伴う部分がありますが、前掲の最終提言16頁は、日本国憲法14条1項後段は特に差別を禁圧すべき類型として「人種、信条、性別、社会的身分又は門地」を挙げており、このような類型に基づく区別取扱いをするような場合には差別リスクが発生しないかをチェックしておく必要があるとしており、正当な指摘であると考えられます。

　　イ　倫理上の問題点

　上記のような法律違反となる差別的取扱いをしないように、通常はAIのプロファイリングにおいて、性別をプロファイリングの基礎情報から除外することが行われていると考えられますが、性別そのものではなく、例えば「○○女子大学」という学歴情報から当該大学出身の応募者は女性であることが実質的に分かってしまうという問題が生じ得ます。このような、本来は採否の判断において考慮すべきでない情報の代理（Proxy）として機能してしまう情報があり、これがマイナス評価されて実質的な差別となってしまうという問題は、いわゆるProxy問題として知られています。

　実例としては、Amazonの採用支援システムについての事案があり

ます。この事案はAmazonが、2014年から優秀なエンジニアを採用するためにウェブサイト上で候補者を探し出す採用支援システムを開発する一環として、履歴書審査AIを開発していたのですが、当該AIが女性よりも男性をより好ましい人材として判定していたことが判明したため、システムの開発を中止し、開発チームを解散したというものです。この事案では、「女性チェスクラブのキャプテン」、「女子大学」といった記載をマイナス評価していたようであり、Proxy問題が発生していることが分かります。その他、当該AIは、男性の履歴書によく見られる動詞（「executed」,「captured」など）に着目する傾向があったようです。

　このようなProxy問題により、いわゆる間接差別（indirect discrimination）の発生を防ぐために公正配慮型学習（fairnessaware learning）の導入なども一考に値するのですが、そのような方法では、いわゆる「逆差別（reverse discrimination）」が発生するおそれがあることも指摘されています。そこで、前掲の最終提言16頁では「技術的対応でカバーできなかった価値を社会的対応ですくい上げるなど、多面的なアプローチを検討することが推奨される」とされていますが、AIによるプロファイリングを活用する企業としては、無批判・無思考で技術に頼り切るのではなく、AIが出した結論が社会規範から乖離したものでないかを、人間が改めて確認するような制度とするなどの配慮が重要であるといえます。

3　人間関与原則の重要性―企業価値を守る最後の砦は人間

　前掲のGDPRの22条1項では、「データ主体は、当該データ主体に関する法的効果をもたらすか又は当該データ主体に同様の重大な影響をもたらすプロファイリングなどの自動化された取扱いのみに基づいた決定に服しない権利を持つ。」とされていますが、これは人生に重要な

影響を与える決定には原則として人間が関与しなければならないという「人間関与原則」を定めたものであり、被評価者に対し、AIプロファイリングの統計的・確率的な判断に異議を唱える機会等を与えたものであるとする見解があります（山本龍彦『プライバシーの権利を考える』103頁（信山社出版、2017））。

第40回データ保護プライバシー・コミッショナー国際会議において採択され公表されたAI指導原則の5条c項でも、「個人の成長や見解に影響を与える技術への適用に異議を申し立てる又は抗議する権利を認めること、及び、適用できる場合には、もしそれが個人に重大な影響を与える場合には自動化された処理のみに基づく決定には従わない個人の権利を保証すること、また、適用できない場合にはその決定に異議を申し立てる個人の権利を保証すること」が要求されており、GDPR22条と同様の原則がうたわれています。これらの考え方の背景には、自動化された決定が「個人の尊重」や「尊厳（dignity）」（憲13・24②）を脅かすのではないか、との認識があるとされています。

このように、AIの決定に対して人間が関与することは個人の権利の観点からも非常に重要でありますが、企業のレピュテーションリスク・コンプライアンスの観点からも必須であるといえます。日本取引所自主規制法人は「上場会社における不祥事予防のプリンシプル」（2018年3月30日）を策定していますが、同原則1の解説（1-2）では、「コンプライアンスは、明文の法令・ルールの遵守だけに限定されるものではなく、取引先・顧客・従業員などステークホルダーへの誠実な対応を含むと理解すべきである。」とされています。

ここまでAIによるプロファイリングに関する問題点として、法律上の問題と倫理上の問題を分けて検討してきましたが、法律上問題がなくても倫理上問題視される場合があり、前者の対応をするだけ（明文の法令・ルールの遵守だけ）では足りないということがコンプライア

ンスの観点からも明らかとなっています。

コンプライアンス違反を含む不祥事が発生した場合の対応として最も重要なことは、各種のステークホルダーに対して誠実な説明をして納得してもらうことですが、AIによる判断が社会規範と乖離した、倫理に反するものであった場合に、当該AIの判断に人間が全く関与していなければ納得のいく説明を提供することは不可能ですし、人間が全く関与していなかったこと自体が不誠実な対応であったとして批判されることは想像に難くないといえます。

このような観点からは、前掲の最終提言18頁が推奨するような「プロファイリングに基づく自動化決定による評価に不服が申し立てられた場合に限って人間による再審査を行う」程度の関与の仕方では、結局問題が発生した後の対応になり、企業価値の毀損を回避することができないため、十分な人間関与ができているとは言い難いであろうと考えられます。もちろん、AIの判断の全てに人間が関与し、妥当性を確認することは現実的ではないでしょうが、定期的に専門業者等とも協力の上で、AIの学習が倫理に反する方向で進んでいないかを検証すること、AIに入力されるデータセットに間接差別を助長するようなProxyが入り込んでいないかを確認すること、サンプリング的に過去のAIの判断のいくつかを人間が検証することといった定期的なモニタリングを行うことや、採用の最終判断は人間が行う体制を構築するなど、事前の対応をしておくことが、AIプロファイリングの活用によって逆に企業価値が毀損してしまう事態を防止する上で重要であると考えられます。

AI自体が倫理観を持つことは少なくとも現在の科学技術ではあり得ないと考えられますので、倫理的な判断・行動に責任を持たなければならないのは常に人間であるということはAIを利用する誰でもが常に念頭に置いておくべき基本的命題であるといえます。

第1章　労働者の個人情報の取得及び利用　　　73

第2　雇用契約後の場面

　本項目では、雇用契約締結後における労働者からの情報の取得及び労働者に対する情報の提供について、整理を行いました。

1　労働者情報の収集

　雇用段階では、企業と労働者との関係は継続的なものとなり、また、企業と労働者それぞれが権利義務を負うことになります。企業は、事業を行うために労働者を雇用しており、事業を行うために労働者情報を取得し、それを利用して労働者の管理を行います。

　それだけではなく、使用者側の義務の履行のために一定の情報の取得が法的に必要とされます。まず、適正な賃金の支払のため、労働時間を適正に把握する義務があります。また、一定の場合に健康情報の取得を行う必要があります。これについては、労働者のプライバシーの観点から取得が規制される側面があるとともに、労働者が申告しない場合についても、使用者としては、適正な人事権の行使や安全配慮義務の履行のために、労働者の健康状態について把握する義務があるとされています。

　個情法では、個人情報の取得は自由であり、明示等した利用目的の範囲内であれば、利用することができます。しかし、上記のような雇用段階の特殊性や、プライバシーの保護、差別禁止から、労働者情報の取得、利用については改めて考察が必要であると考えられます（Q11参照）。

　また、労働者情報のうち、労働者の健康情報は、個情法、安衛法との関係も含め、多数の論点を含んでいますので、これらを整理しています（Q12参照）。

　さらに、労働者情報の取得にあたっては、その利用目的について明示等が必要ですが、利用目的の内容、またその明示等の方法についても検討しています（Q13参照）。

雇用段階においても、インターネットで公開されている労働者情報や、調査機関が調査した労働者情報を取得するケースも増えています。このような労働者情報の取得方法にも制限があるのかについて検討しました（Q14参照）。

最後に、労働者から労働者の個人情報の開示請求などがあった場合の会社側の対応についてもまとめています（Q16参照）。

2　労働者情報の利用

このようにして取得した情報の利用について、取得目的の範囲内で使用するべきであることに加え、差別的な利用は禁止されることに注意が必要です。例えば、LGBTに対する不利益取扱い等の問題であり、労働組合の活動等について不利益取扱いを行うなどの問題です。

利用についての応用問題として、取得した労働者の情報に関して、AIによる処理が可能であるのかどうかについても検討しています（Q17参照）。

3　使用者からの情報の提供

以上のほか使用者の側からの情報の提供も必要とされています。これは従業員の権利の保護の観点から要請されるものです。例えば、就業規則の周知、労働契約の承継、派遣や出向等の場合の労働条件の明示等です（Q15参照）。

4　その他の問題

最後に、実務的な問題として、近時増えている外部の事業者が提供するサービス（SaaS）を利用する際の問題点（Q18参照）や情報消去に関する規制（Q19参照）についても検討しました。

第1章　労働者の個人情報の取得及び利用

Q11 雇用した労働者の個人情報の取得について教えてください。取得が義務的な情報はありますか。また、取得することができる情報に限界はありますか。

A 例えば、労働者の労働時間に係る情報、賃金の支払に係る情報、健康情報等は、取得が義務的な情報の一つと解されます。労働者から取得する情報が、個人情報やプライバシーに係る情報である場合、個情法をはじめとする法令の規制に従って取得を検討する必要があり、取得に限界がある場合も考えられます。例えば、労働者の健康情報、障害に係る情報、性自認に係る情報等は、労働者にとってセンシティブな個人情報又は要配慮個人情報であり留意する必要があるでしょう。

〔池邊　祐子〕

　解　説

1　労働者についての情報の取得

　採用の段階においては、雇用契約を締結するか否かの選考をする上で、情報の収集を行うことが必要でしたが、雇用契約締結後においては、雇用関係における人事権の行使及び使用者の義務の履行の観点等から、労働者についての情報の取得が必要となります。

　具体的には、①指揮命令を適正に行うために必要となる業務遂行状況に関する情報、②労働者の適正な処遇のための情報、③安全配慮義務の履行のために必要な情報、④企業秩序を維持する観点から、企業の定めた服務規定などの違反の有無の確認のために、必要な情報等の収集を行うことが必要とされます。

一方で、労働者のプライバシーや差別禁止の観点から、労働者情報の取得や利用が制限されることがあります。

取得が義務的な情報取得の限界が問題になり得る情報の例は2以下のとおりです。

2 労働時間に係る情報

「使用者は、労働契約に伴い、労働者がその生命、身体等の安全を確保しつつ労働することができるよう、必要な配慮をするものとする」（労契5）、とされており、使用者は労働者に対し、安全配慮義務を負うこととされています。

また、安衛法上、使用者は、長時間労働をしている労働者（月80時間超の時間外・休日労働を行い、疲労の蓄積が認められる者）等に対し、労働者の申出を受けて、面接指導を実施しなければならないとされており（安衛66の8①又は66の8の2①）、面接指導を実施するため、タイムカードによる記録、パソコン等の電子計算機の使用時間、ログインからログアウトまでの時間の記録等の客観的な方法その他の適切な方法により、労働者の労働時間の状況を把握することが義務付けられています（安衛66の8の3）。使用者は、これらの方法により把握した労働時間の状況の記録を作成し、3年間保存するための必要な措置を講じなければなりません。かかる労働時間の状況の把握は、高度プロフェッショナル制度適用者（労基41の2①）を除く全ての労働者の労働時間が対象であり、管理監督者、裁量労働者及び事業場外労働者等も含まれます。

以上より、労働時間に係る情報は、法令上、取得が義務付けられる情報の一つと解され、さらに、労働者の時間外労働の割増賃金等を計算し、これを支払うためにも必要な情報といえます。個情法の観点から見ると、労働者の労働時間についても、労働者の氏名等と紐付けら

れることによって、個人情報に該当すると解されます。したがって、個情法の観点から見ると、労働者から労働時間に係る情報を取得するにあたっては、個情法に基づき個人情報の利用目的を通知又は公表することなどの対応が必要とも解されることになります（Q13参照）。

　もっとも、実務上、労働者の労働時間に係る情報について、例えば、従業員向けのプライバシーポリシーで利用目的等を掲げる等の対応まで実施していない例があります。この点については、労働者の労働時間に係る情報の取得・保管は、上記のとおり法令上義務付けられているものであることから、「取得の状況からみて利用目的が明らかであると認められる場合」（個情21④四）に該当するとの解釈も可能でしょう。

3　賃金等の支払に必要な情報

　扶養手当、結婚祝金等の支払要件の確認のために、労働者の結婚に係る情報や扶養家族の有無等に係る情報を取得することがあります。また、例えば、交通費の支払のために、労働者の転居を含めた住所に係る情報を取得することもあり、これらの情報も、使用者にとって法令又は労働契約上取得が義務付けられている情報の一つと解されます。これらの情報についても、個人情報に該当しますので、個情法の規制に従いこれを取得等する必要があります。

4　健康に係る情報等

（1）　健康情報

ア　本人の健康情報

　上記2のとおり、使用者は労働者に対し安全配慮義務を負っていること等から、労働者の健康に係る情報を取得することもあります。そのため、かかる情報も、使用者にとって取得が義務付けられている情報の一つと解されます（その義務の内容については、Q12「1　労働

者の健康情報の取扱い」参照)。

　この点、「雇用管理分野における個人情報のうち健康情報を取り扱うに当たっての留意事項」(平29・5・29個情749・基発0529第3)(以下、「留意事項」といいます。)では、健康情報については労働者個人の心身の健康に関する情報であり、本人に対する不利益な取扱い又は差別等につながるおそれのある要配慮個人情報であるため、事業者においては健康情報の取扱いに特に配慮を要するとされています。

　要配慮個人情報については、個情法上、あらかじめ本人の同意を得なければ取得することはできません。また、第三者から労働者の健康情報を取得することは、法令に基づく場合等を除き、あらかじめ労働者本人の同意を得ない限りできません(個情27①)。

　そのため、原則として、使用者は、労働者の健康情報については、あらかじめ本人の同意を得ない限り取得することはできないことになります。例えば、感染症への罹患に係る情報やワクチン接種に係る情報等についても、要配慮個人情報の一つに該当するおそれがあり、本人からの同意を前提として取得する必要があるでしょう。

　また、ストレスチェックの結果について、ストレスチェックの実施者は「労働者の同意を得ないで、当該労働者の検査の結果を事業者に提供してはならない」(安衛66の10②)とされており、前述の留意事項では、使用者は、ストレスチェックの実施者等に提供を強要する又は労働者に同意を強要する等の不正の手段により、労働者のストレスチェックの結果を取得してはならないことについても触れられており、留意する必要があります。使用者が労働者のストレスチェックの結果を取得するには、本人の同意を要するでしょう。

　ただし、要配慮個人情報について、前述のとおり、法令に基づく場合等には、あらかじめの本人の同意は不要とされているところ、個情法GL(通則編)では、個人情報取扱事業者が、安衛法に基づき健康診断

を実施し、これにより従業員の身体状況、病状、治療等の情報を健康診断実施機関から取得する場合は、法令に基づく場合（個情20②一）に該当するものとして、あらかじめ本人の同意を得ることなく、要配慮個人情報を取得することができることを示しています。

なお、安衛法104条３項に基づく「労働者の心身の状態に関する情報の適正な取扱いのために事業者が講ずべき措置に関する指針」（平30・９・７労働者の心身の状態に関する情報の適正な取扱い指針公示１）において、使用者には、労働者の心身の状態の情報の適正な取扱いのための規程を作成することが義務付けられていることから、かかる取扱規程に従って労働者の健康情報を取得する必要があります。

　　イ　家族の健康情報

労働者の家族の健康情報について、健康情報については、前述のとおり、要配慮個人情報であるため、法令に基づく場合等を除き、あらかじめ本人の同意を得なければ取得することはできません。そのため、労働者を経由して、労働者の家族の健康情報に係る資料を提出してもらう場合も、当該家族本人の同意のない限り、取得することはできないものと解されます。

（２）　障害に係る情報

障害者雇用率制度や障害者雇用納付金制度の適用にあたっては、各事業主において、障害者である労働者の人数、障害種別、障害程度等を把握・確認する必要があります。また、使用者の安全配慮義務や、障害者雇用促進法の合理的配慮（障害雇用36の３）の観点からも、当該情報について確認する必要がある場合もあり、当該情報も、使用者にとって取得が義務付けられている情報の一つと解されます。

障害に係る情報の取得については、個情法の規制に従う必要のある他、「プライバシーに配慮した障害者の把握・確認ガイドライン」（平17・11・４職高発1104001）において、情報の把握・確認方法が示されてい

るため、これに従い取り扱う必要があります。

　すなわち、同ガイドラインでは、障害者であることを把握している者を採用した場合は、採用決定後に、その労働者に対して、障害者雇用状況の報告、障害者雇用納付金の申告、障害者雇用調整金又は報奨金の申請のために用いるという利用目的等を明示した上で（個情21②）、本人の同意を得て、その利用目的のために必要な情報を取得することができますが（個情18①）、情報を取り扱う者を必要最小限とするため、企業の人事管理部門において障害者雇用状況の報告、障害者雇用納付金の申告、障害者雇用調整金又は報奨金の申請を担当する者から直接本人に対して行うことが望まれるとされています。

　他方、採用後に障害者を把握・確認する場合（採用後に障害を有することとなった者や、採用前や採用面接時等においては障害を有することを明らかにしていなかったが、採用後、明らかにすることを望んでいる者を把握・確認する場合）の把握・確認方法については、例外的に、障害者である労働者本人が、職場において障害者の雇用を支援するための公的制度や社内制度の活用を求めて、企業に対し自発的に提供した情報を根拠とする場合には、個人を特定して障害者手帳等の所持を照会することができますが、そうでない場合には、雇用している労働者全員に対して申告を呼びかけることを原則とするとされています。具体的には、労働者全員に対して、メールの送信や書類の配布等画一的な手段で申告を呼びかけることを原則とするとされています。

　また、「発達障害がある人の雇用管理マニュアル」（平成18年３月厚生労働省）では、企業が本人の自己申告以外の方法により特定の個人を名指しして障害の把握・確認を行うことは不適切であるとみなされる場合があることや、仮に本人が発達障害の診断を受け障害を受容できている場合であっても、本人が告知していないのに会社から「障害があ

第1章　労働者の個人情報の取得及び利用　　　　　　　　81

るのではないか」という話をされれば、そのことに驚き、自信喪失や情緒不安等を生じさせる場合もあるため、障害の確認・把握という手続に関しては、企業として極めて慎重な対応が求められる旨について触れられており、留意する必要があります。

(3)　性自認に係る情報

近年、トランスジェンダーの労働者から、自認する性別のトイレを使用したいなどの申出があるケースなどもあり、使用者としては労働者の性自認に係る情報についても取得する場合があることが考えられます。経済産業省事件（最判令5・7・11判タ1516・51）で、最高裁は、トランスジェンダーの労働者による女性トイレの使用に制限を設けないこととする処遇に係る措置要求（国家公務員法86）を認めないとした人事院の判定について、違法なものということはできない等とした高裁判決を一部破棄し、人事院の判定は、裁量権の範囲を逸脱し又はこれを濫用したものとして違法となると判断しており、参考となります。労働者の性自認に係る情報についても、労働者からの配慮の申出がある場合等には、取得を義務付けられる情報と解することも可能なのではないかと思われるところ、当該情報についても労働者の個人情報の一つとして、個情法の規制に従った取得等をする必要がある他、労働者の性的指向・性自認について、当該労働者の了解を得ずに他の労働者に暴露すること（いわゆるアウティング）は、ハラスメントに該当するとされていることなどにも留意する必要があります（「事業主が職場における優越的な関係を背景とした言動に起因する問題に関して雇用管理上講ずべき措置等についての指針」（令2・6・1厚労告5））。そのため、労働者本人以外の他の労働者から、本人の同意なく、本人の性的指向・性自認に係る情報の提供を受けることは、アウティングとして、違法なハラスメントに該当することになりますので、このような方法により性自認に係る情報を取得することはできません。

advice

〇情報の取得にあたっての労働者の家族との関わり

　労働者の家族の健康情報については、本文で述べたとおり、当該本人の同意を得た上で、情報を取得する必要がありますが、当該同意を得ていることを記録に残しておくために、労働者から当該家族本人の同意書等を提出してもらうのがよいでしょう。

　また、前掲「プライバシーに配慮した障害者の把握・確認ガイドライン」では、労働者本人の障害に係る情報を取得する際に、知的障害者等、本人の判断能力に疑義がある場合は、利用目的等について本人が理解できるよう十分に説明を行うとともに、本人だけでなく家族等に対しても説明を行うことが必要となる場合もあるとされていることから、家族に対しても利用目的等を説明した上で、労働者の情報を取得するのがよいでしょう。

第1章　労働者の個人情報の取得及び利用　　　　83

 労働者の健康情報の取扱いについては、どのようなことを考える必要がありますか。

A　使用者は、労働者に対する安全配慮義務の履行のために、一定の労働者の健康情報の取得が必要となります。健康情報の中には、取得が義務付けられる情報や、労働者の同意がなくても取得することが許される情報などもあります。取得した情報については、「心身の状態の情報の適正な取扱いのための規程」を策定し、それに沿った取扱いが必要とされます。

また、安全配慮義務を尽くすために、産業医との連携も必要となりますが、産業医には、守秘義務があることも考慮し、情報の共有について一定の制限があることの理解も必要となります。

〔末 啓一郎・安藤 広人〕

解　説

1　労働者の健康情報の取扱い

労働者の健康情報は、安衛法、労働契約法、個情法などの法律に基づいて取り扱われます。使用者は、労働契約法5条に基づき、労働者の健康状態を適切に管理し、労働者の健康を確保するための措置を講じる義務があります。したがって、使用者は労働者の健康情報を取得し、取得した情報を基に労働者の健康を確保する必要があります。

（1）　労働者の健康情報

労働者の健康情報がどのような情報を指すのかについて整理しますと、「健康情報」自体は法律上に定義があるものではなく、個人情報保護委員会の発した「雇用管理分野における個人情報のうち健康情報を取り扱うに当たっての留意事項」（以下、「留意事項」といいます。）に

おいて、「健康診断の結果、病歴、その他の健康に関するもの」をいうとされています。具体的には、健康診断の結果、面接指導の結果、ストレスチェックの結果等の安衛法に基づく情報のほか、任意に労働者から提供された病歴、健康診断の結果、その他の健康に関する情報がこれに含まれます。

次に、健康情報と関連する概念として、安衛法に定められている「心身の状態の情報」があります（安衛104①）。「心身の状態の情報」は、安衛法104条3項に基づく「労働者の心身の状態に関する情報の適正な取扱いのために事業者が講ずべき措置に関する指針」（平30・9・7労働者の心身の状態に関する情報の適正な取扱い指針公示1）（以下、「取扱指針」といいます。）において定義されており、「安衛法に基づき実施する健康診断等の健康を確保するための措置や任意に行う労働者の健康管理活動を通じて得た労働者の心身の状態に関する情報」であるとされています。

心身の状態の情報は、取扱指針において要配慮個人情報に該当するものは、留意事項の「健康情報」と同義であるとされています。また、留意事項における健康情報は、要配慮個人情報に該当することが多いとされており、要配慮個人情報に該当しない情報についても（例えば「健康診断の受診の有無」などの情報は要配慮個人情報に該当しないとされています（個情GL（通則編））。）、要配慮個人情報に準じた扱いを行うこととされています（要配慮個人情報については、Q2参照）。したがって、実務的には、留意事項における健康情報は要配慮個人情報であると考えて取扱いを行えばよいでしょう。

（2） 労働者の健康情報の取扱い
　　ア　個情法に基づく取扱い
労働者の健康情報は、個情法における要配慮個人情報に該当するものであり、その取扱いには同法の規定が適用されます。要配慮個人情

報と通常の個人情報との取扱いが異なる点としては、要配慮個人情報については、取得に本人の同意が必要とされていることが挙げられます（個情20②）。もっとも、法令による場合には、本人の同意なく取得できますし（個情20②一）、一方で、前述したように労働者の健康状態の管理の観点から、事業者として労働者の健康情報の取得が義務的であることもあります。

　そこで、取扱指針は、①健康状態の取得が義務か否か、②取得に労働者の同意が必要か否かの観点から、健康情報（心身の状態の情報）をまとめています。

種　類	具体例
取得に労働者の同意が必要な健康情報	・健康診断の結果（法定外項目） ・保健指導の結果 ・健康診断の再検査の結果（法定の項目と同一のものを除く。） ・健康診断の精密検査の結果 ・健康相談の結果 ・がん検診の結果 ・職場復帰のための面接指導の結果 ・治療と仕事の両立支援等のための医師の意見書 ・通院状況等疾病管理のための情報
労働者の健康状態の管理の観点から事業者が必ず取得しなければならない健康情報（本人の同意不要）	・健康診断の受診・未受診の情報 ・長時間労働者による面接指導の申出の有無 ・ストレスチェックの結果、高ストレスと判定された者による面接指導の申出の有無 ・健康診断の事後措置について医師から聴取した意見 ・長時間労働者に対する面接指導の事後措置について医師から聴取した意見

	・ストレスチェックの結果、高ストレスと判定された者に対する面接指導の事後措置について医師から聴取した意見
労働者の同意を得ずに収集することが可能である健康情報（取得は義務ではない。）	・健康診断の結果（法定の項目） ・健康診断の再検査の結果（法定の項目と同一のものに限る。） ・長時間労働者に対する面接指導の結果 ・ストレスチェックの結果、高ストレスと判定された者に対する面接指導の結果

　イ　安衛法に基づく取扱い

　取扱指針は、健康情報（心身の状態の情報）の取扱いについて、取扱規程を定めることを求めるほか、利用目的や利用の方法について、個情法の規定を超える制限を置いています。

法　律	取　得	利　用
個情法（要配慮個人情報）	同意が必要（個情20②）	・利用目的の特定（個情17） ・目的内での利用（個情18①）
安衛法（心身の状態の情報）	・安衛法の定めに基づく場合には、同意は不要 ・取得が義務となる場合もある。	・利用目的は、労働者の健康確保措置の実施や事業者が負う民事上の安全配慮義務の履行を行う目的に限られる ・利用の態様についても、心身の状態の情報の取扱いに労働者が同意しないことや心身の状態の情報の内容を理由として、解雇等の労働者に不利益な措置を行うことはできない。

2　労働者の健康情報の企業内での共有、第三者への提供

　労働者の健康情報を企業内で共有したり、第三者に提供したりすることは、労働者の健康を守り、労働災害を防止するために合理的に必

要な場合があり得ます。

　ただし、健康情報は要配慮個人情報であり、個人の人格や社会的生活に重大な影響を及ぼす可能性のある個人情報です。そこで、取扱指針では、「心身の状態の情報の適正な取扱いのための規程」(取扱規程)を作成し、備置することが求められています。取扱規程においては、「心身の状態の情報を取り扱う者及びその権限並びに取り扱う心身の状態の情報の範囲」、「心身の状態の情報の第三者提供の方法」等についての定めを置くことが求められています。

　したがって、社内での共有や第三者提供については取扱規程の定めに従い、本人の同意の下で、適正に行われることが必要となります。

3　取得することができない健康情報と要配慮個人情報との関係

　以上のように、事業者が安全配慮義務の履行として、労働者の健康情報を取得する必要があることから、①安衛法上その取得が認められている、②労働者の同意がある、③労働者の生命、身体の保護のために必要がある場合であって、労働者の同意を得ることが困難である等の場合には、事業者は健康情報を取得することができます。

　しかし、業務にかかわりなく、また、安全配慮義務上も必要がないと考えられる健康情報については、労働者の人格権やプライバシーを侵害する可能性が高いことから、取得することは原則として許されないと考えられます。

　例えば、B型肝炎ウィルスの感染状況については、本人の同意のない検査を行ったことについて、不法行為として損害賠償が認められた事案があります(東京地判平15・6・20労判854・5)。また、HIV検査による感染結果を理由とした、退職勧奨や解雇が違法であるとされた判決(千葉地判平12・6・12労判785・10、東京地判平15・5・28判タ1136・114)などがあります。

もちろん、それらについても、労働者の健康管理上の適切な措置のためにその情報取得について合理的な理由が認められ、またそれについての労働者からの個別の同意があれば、取得が可能であると考えられますが、これが職場における労働者の不利益な取扱いにつながらないよう、十分な注意が必要とされます。

4　新型コロナウイルスへの感染情報やワクチン接種情報

　新型コロナウイルスへの感染情報は病歴となりますので、要配慮個人情報（個情2③）であり、その取得には原則として本人の同意が必要となると考えられます。ただし、個人情報保護委員会は、「新型コロナウイルス感染症の拡大防止を目的とした個人データの取扱いについて」（令和2年4月2日（令和2年5月15日一部改正））において、個人情報としての原則的な取扱いを指摘しつつも、「国の機関等からの情報提供の要請」や、「人の生命、身体又は財産の保護のために必要がある場合や、公衆衛生の向上のために特に必要がある場合」に本人の同意なく情報提供できることを指摘し、管轄の保健所や、感染者が接触した取引先等に対し、本人の同意なく提供できる場合があると指摘しています。

　これに対して、ワクチン接種情報は、病歴とは異なり、また診療情報でもないため、要配慮個人情報でも、安衛法104条の健康情報であるとも解されません。しかしながら、要配慮個人情報に準じて取り扱うことが望ましいでしょう。

5　産業医と会社との情報共有

　以上を踏まえて、会社の産業医が診断や面談を行った労働者の情報を会社に報告することの是非について見ておきます。

　産業医が労働者の健康情報を会社に報告する行為は、医師の守秘義務や個情法等の法令により厳しく規制されています。産業医は労働者

第1章　労働者の個人情報の取得及び利用　　　　　　　　89

の健康管理を担当する一方で、その活動は個情法の規定に基づいて行われなければなりません。そして同法は、個人情報の第三者への提供は原則として本人の同意を得なければならないと定めています。そのため、産業医が労働者の健康情報を会社に報告する際には、通常は本人からの同意を得る必要があります。

　また、医師が業務上知り得た秘密を正当な理由なく漏えいすると、刑法134条により、罰金や懲役に問われる可能性があります。これらの規制は、労働者の信頼やプライバシーを保護し、医師と患者間の信頼関係を維持するために必要なものです。

　しかし、法律により例外的に本人の同意のない情報提供が、正当な理由があるものとして、これらの法律による規制の例外として可能となる場合が存在します。例えば、法律で義務付けられている場合や、人の生命、身体、財産の保護が必要な状況などです。これらの場合、産業医は本人の同意を得られない状況下でも、健康情報を会社に報告することが可能です。

　ただし、このような場合でも、産業医は報告すべき内容を必要最小限にとどめることが求められます。また、可能な限り本人に事情を説明し、理解を得るよう努めるべきです。これは、医師の守秘義務と個情法の規定を遵守し、労働者の信頼やプライバシーを保護するためです。適切な判断がなされなかった場合、産業医は個人情報保護委員会から行政処分を受けたり、訴訟を起こされる可能性があります。

　以上のように、産業医が労働者の健康情報を会社に報告する行為は、様々な法律や規範により制限されています。そのため、産業医は法的な規定だけでなく、個々の事情や社会的・公共的な利益を考慮に入れたうえで、倫理的な判断を行う必要があります。したがって、会社担当者から産業医に対して情報提供を求めるとしても、このような制限の下でしか、情報を得ることができないことを認識するべきであります。

Q13

労働者の個人情報の利用目的については、どのような内容をどの程度特定すればよいでしょうか。また、利用目的の明示はどのように行えばよいでしょうか。

A

労働者の個人情報を企業側で利用するにあたっては、勤怠管理や健康管理、人事権の行使など労働者情報を利用する目的を特定しなければなりません。特定の程度としては、労働者が利用目的を理解できる程度であることが必要です。

また、その明示の方法として、就業規則とする必要はありません。

〔安藤 広人〕

解説

1 利用目的の特定

企業は事業を行っていくにあたって、労働者の勤怠管理、安全衛生の確保等を行う必要があり、そのため、労働者の個人情報を収集し、利用する必要があります（Q11参照）。個情法は、労働者の個人情報にも当然適用がありますので（個情QA・Q1－20）、労働者の個人情報を収集、利用するにあたっては、個情法の規定を順守する必要があります。

個情法は、個人情報を取り扱うにあたって、利用目的をできる限り特定する必要があるとしています（個情17①）。また、特定にあたっては、「利用目的を単に抽象的、一般的に特定するのではなく、個人情報が個人情報取扱事業者において、最終的にどのような事業の用に供され、どのような目的で個人情報を利用されるのかが、本人にとって一般的かつ合理的に想定できる程度に具体的に特定することが望まし

い」(個情GL(通則編)3-1-1)とされているため、労働者が自己の個人情報が具体的にどのように使われるのかが想定できる程度での記載が必要となります。

　現時点では廃止されたものになりますが、「雇用管理分野における個人情報保護に関するガイドライン：事例集」(平成24年5月厚生労働省)では、「当社の事業活動に必要であるため」や「従業員情報を幅広に把握しておくため」では記載の程度としては不十分であり、「人事労務管理に関わる諸手続(年金・労働保険等)を行う際に、当社人事課職員がその目的の限りにおいて使用いたします。」等のレベルでの記載が求められるとしていました。

2　利用目的の内容

　企業がその業務を行うにあたって、従業員の個人情報の利用目的としてどのような目的を特定するべきでしょうか。この点については、企業が業務を行うために必要となる従業員の管理や企業側で負っている従業員の管理義務を果たすために必要な事項が考えられます(従業員情報の取得についてはQ11参照)。例えば、次のような事項が挙げられます。

・雇用管理
　勤怠管理(休暇、労働時間等)、賃金等の計算・支払、人事評価、研修、人事異動、解雇・退職、福利厚生その他従業員を雇用し、業務を行わせるため(人事評価にあたって情報を分析することも含みます。)。
・安全管理
　健康診断の結果や病歴等について、従業員が健康に働くことができるよう安全管理を行うため。
・施設管理
　企業の設備を適切に管理するため。情報セキュリティを確保し、情報セキュリティインシデントの際に利用するため。
・法律による要求事項
　法律上必要となる社会保険、健康保険、税金等の対応について利用するため。

なお、労働者の個人情報の利用目的については、法律上要件となっているわけではありませんが、確定するにあたっては、あらかじめ労働組合等に通知し、必要に応じて協議を行うことが望ましいといえます（個情QA・Q2－2）。

3 利用目的の明示方法

個人情報の利用目的は、個人情報を本人から直接書面（電磁的方法を含みます。）で取得する場合には、取得に際して明示する必要があり（個情21②）、その他の態様で取得する場合には、事前に通知又は公表しておくことが必要となります（個情21①）（以下、明示並びに通知及び公表をあわせて「明示等」といいます。）。

この個人情報の利用目的の明示等については、これを就業規則によって行うべきとする考え方と、就業規則とするまでもないとの考え方があります。

この点、個人情報の利用目的の明示等は個情法に基づく制度であり、一方で、就業規則の作成は労基法に基づくものであり、それぞれ別の制度ですから、それぞれの法律の要件を満たすかどうかで決めるべき問題であるといえます。

そして、就業規則の作成業務を定める労働基準法89条各号は、賃金や労働時間、安全衛生等について定める場合には、就業規則の内容とする旨定めていますが、これらはいずれも労働者の個人情報を利用する場合であり、個人情報の利用目的の内容となる場合です。したがって、個人情報の利用目的そのものを就業規則とする必要はなく、個人情報を利用して運用する制度自体を就業規則に定めればよいと考えられます。

もっとも、就業規則の一内容とすることが妨げられるべきものでもありませんので、使用者が適当と考える場合には、任意的な記載事項

として就業規則の一内容としてもよいと考えられます。そして、就業規則を有効なものとするためには、従業員への周知が必要となります。これに対し、就業規則としない場合には、明示等の要件を満たすため「従業員が定期的に見ると想定される事業所内の掲示板への掲示」(雇用管理分野における個人情報保護に関するガイドライン：事例集) や社内LANなどに掲載しておくことが必要となります。

　ただし、就業規則に定める場合には、その定めを置いた際及びその定めを変更した場合に、従業員代表の意見を聞いた上で、労働基準監督署に届け出る必要があることに注意が必要です (労基90)。このような労働基準監督署への届出は、就業規則の有効要件ではありませんが、使用者の義務として履行しなければなりません。

Q14 雇用した労働者について、労働者の情報を取得する方法に制限はありますか。例えば第三者（大学の先輩や友人など、興信所、前職の職場）や労働者自身が公開しているSNSなどの情報を取得してよいでしょうか。

A 労働者に係る情報は、本人から取得する方法、第三者から取得する方法、SNSの活用により取得する方法等が考えられますが、原則として、個人情報に該当するものと解されることから、個情法等の規制に沿って、取得等をする必要があります。また、不特定多数に向けて公開されているSNSから情報を取得する場合には、個人情報の不正な取得に当たらないよう注意が必要です。

〔池邊 祐子〕

解 説

1 労働者の情報取得とその方法

使用者は、雇用した労働者の賃金の支払、人事異動、健康管理、賞罰等の様々な場面で、これに対応するために、労働者の情報を取得する必要があります。労働者に係る情報は、本人から取得する方法の他に、第三者から取得する方法も考えられます。また、近年では、労働者やその周辺が公開しているSNSの投稿から情報を取得することもあります。

労働者に係る情報は、個人情報（個情2①）に該当しますので個情法の規制に沿って取得等をする必要があります。具体的には、①適正な取得方法によること（個情20①）と、②要配慮個人情報については労働

第1章　労働者の個人情報の取得及び利用

者の同意が必要であること（個情20②）の2点に留意する必要があります。

2　本人からの情報取得

　労働者から取得する情報については、使用者は、個情法の規制に沿って、取得等をする必要があります（Q11参照）。

　特に、労働者の情報のうち、例えば、健康情報や前科等は、要配慮個人情報に該当するものと解され、法令に基づく場合等を除き、あらかじめ本人の同意を得ない限り取得できないこととなります。「本人の同意を得る」とは、本人の承諾する旨の意思表示を当該個人情報取扱事業者が認識することをいい、事業の性質及び個人情報の取扱い状況に応じ、本人が同意に係る判断を行うために必要と考えられる合理的かつ適切な方法によらなければならないとされています（個情GL（通則編）2-16）。本人の同意を得ている事例として、本人からの口頭による意思表示や本人からの同意する旨の書面、メールの受領、確認欄へのチェック、ホームページ上のボタンのクリック、同意する旨の音声入力、タッチパネルへのタッチ、ボタンやスイッチ等による入力が挙げられています。そのため、例えば、労働者に適用される就業規則において、使用者が必要に応じて労働者から取得した個人情報について目的外利用をすることを承諾することや使用者が求める要配慮個人情報の提出に応じることに係る規定を定めるという方法等、一方的に使用者が通知する方法では、本人の同意を得ているとはいえず、上記の例に挙げられているような方法により、本人から同意をもらう必要があるでしょう。

　また、「雇用管理分野における個人情報のうち健康情報を取り扱うに当たっての留意事項」（以下、「留意事項」といいます。）では、健康情報については労働者個人の心身の健康に関する情報であり、本人に

対する不利益な取扱い又は差別等につながるおそれのある要配慮個人情報であるため、事業者においては健康情報の取扱いに特に配慮を要するとされていることから、労働者から健康情報を取得する場合には留意する必要があります。さらに、安衛法104条3項に基づく「労働者の心身の状態に関する情報の適正な取扱いのために事業者が講ずべき措置に関する指針」（平30・9・7労働者の心身の状態に関する情報の適正な取扱い指針公示1）において、使用者には、労働者の心身の状態の情報の適正な取扱いのための規程を作成することが義務付けられていることから、かかる取扱規程に従って労働者の健康情報を取得する必要があります。

3　第三者からの取得
（1）　調査機関からの情報取得

　採用選考時に、「リファレンスチェック」、「バックグラウンドチェック」を実施し、前職などに聞き取りを行う場合がありますが（Q5参照）、採用後にこれを行うケースもゼロではありません。

　この点、使用者が労働者本人に無断で、第三者から本人の個人情報を収集することは、個人情報の適正取得義務（個情20①）に違反する可能性があるほか、本人に対するプライバシー侵害として不法行為責任を問われるおそれもあります。

　「リファレンスチェック」や「バックグラウンドチェック」を実施する場合、原則として労働者本人に対してこれらの調査を実施することを伝え、同意を得た上で行う必要があります。この場合、使用者から労働者本人に対し、個人情報を取得する目的、取得する個人情報の範囲、想定される調査の内容などを明らかにした上で、本人の同意を得ることが望ましいといえます。同意を得る方法については、上記2の内容も参考の上、労働者本人から、リファレンスチェック等による個人情報の取得について同意が得られたことが確認できる書面等を取得しておくのが望ましいでしょう。

第1章　労働者の個人情報の取得及び利用　　　　　　　　　　97

　リファレンスチェック等を調査機関等に依頼する場合の調査機関等を選定する際の注意点については、Q5を参照してください。
（2）　健康情報等の取得
　上記2のとおり、健康情報等の取得には特に慎重な対応が必要となり、これを第三者から取得する場合もより慎重な対応が必要となります。
　上記（1）と同様、労働者から、健康情報の取得について同意が得られたことが確認できる書面等を取得しておくのが望ましいと考えられることはもとより、個情法以外の法令の規制にも留意する必要があります。例えば、労働者のストレスチェックの結果に係る情報についてストレスチェックの実施者の取得を検討する場合、安衛法上、ストレスチェックの実施者は「労働者の同意を得ないで、当該労働者の検査の結果を事業者に提供してはならない」（安衛66の10②）とされており、留意事項では、使用者は、ストレスチェックの実施者等に提供を強要する又は労働者に同意を強要する等の不正の手段により、労働者のストレスチェックの結果を取得してはならないことについても触れられており、留意する必要があります。
　他方、個情法GL（通則編）では、個人情報取扱事業者が、労働安全衛生法に基づき健康診断を実施し、これにより従業員の身体状況、病状、治療等の情報を健康診断実施機関から取得する場合は、法令に基づく場合（個情30②ⅰ）に該当すると示しており、この場合には、例外的に、あらかじめ本人の同意を得ることなく、第三者である健康診断実施機関から、要配慮個人情報を取得することができることになります。

4　SNSを活用した情報取得

　近年、労働者本人や労働者の周辺の人物によるSNSの投稿から、労働者に係る情報を得る場合もあるとされています（Q31・Q34参照）。

（1） 労働者本人のSNSからの情報取得の可否

インターネット上で公開されており、不特定多数が閲覧することが可能である労働者のSNSの投稿から、労働者に係る情報を取得することは原則として可能であるものと解されます。

（2） 第三者のSNSからの情報取得の可否

労働者以外の第三者（労働者の家族、友人、前職の同僚等）がSNSで不特定多数に向けて発信している投稿内に労働者に係る情報が含まれている場合もあります。しかし、これらの第三者による投稿は、労働者が公開に承諾しているかどうか分かりません。個情法20条2項は、あらかじめ本人の同意を得ることなく、人種、信条、社会的身分等の要配慮個人情報を取得することを禁止しています。労働者以外のSNSの投稿内に、要配慮個人情報が含まれている場合、当該情報を取得する行為は、同項に違反する可能性がありますので、避けるべきでしょう。

（3） 鍵付きアカウントからの情報取得の可否

労働者自身によるSNSの投稿であっても、いわゆる鍵付きアカウントから投稿されているなど、閲覧可能なユーザが制限されている場合があります。鍵付きアカウントに掲載された情報は、労働者本人が公開している情報とは言い難く、本人の同意なく取得することは個情法に反する可能性があります。また、例えば、投稿を閲覧するため、使用者の担当者であることを隠してフォローの承認を申請して閲覧することは、労働者が結果としてフォローを承認したとしても個人情報の収集について本人の同意が得られているとは言い難いものと解され、避ける必要があるでしょう。

労働者に対し鍵付きアカウントを任意で開示するよう求めること自体については、法令の規則はありませんが、SNSの投稿内には労働者の社会的背景や、思想・信条に関する情報が含まれている可能性もあ

り、プライバシーにも関する内容であるものと思われることから、あくまで任意の開示を求めるにとどめ、情報の開示を事実上強要することのないように留意する必要があるでしょう。不当に私生活に介入をする企業であるとの内容がSNSで拡散されるリスクなども考えられ、労働者に鍵付きのSNSアカウントの開示を求めることについては慎重に検討する必要があるものと解されます。

advice

○業務時間外の情報の取得

　例えば、労働者の職務専念義務に疑念があるケースや、不正が疑われるケースなどでは、会社において労働者の電子機器等のモニタリングを行い、労働者の情報を取得することがあります。

　しかし、業務時間外の情報についてまで、モニタリングの必要性及び相当性が認められるとは考えにくく、かかる情報の取得は控えるべきでしょう。東起業事件（東京地判平24・5・31労判1056・19）では、営業担当従業員の稼働状況を確認するために貸与携帯のGPS情報をナビシステム上で把握していた事案で、勤務時間帯及びその前後の時間帯において会社が本件ナビシステムを使用して原告の勤務状況を確認することが違法であるということはできないが、反面、労務提供義務がない時間帯、期間において本件ナビシステムを利用して原告の居場所を確認することは特段の必要性のない限り許されないと判断されました。

Q15 企業側から提供する必要がある情報は、どのようなものがありますか。

A 労基法によって、常時10人以上の労働者を使用する使用者は、就業規則を定め、所定の労働条件を周知しなければならないものとされています。また、労働契約承継法や派遣法、育児介護休業法等においても、労働条件の説明の義務が定められています。その他、労働組合等の団体交渉においては、使用者の誠実交渉義務を果たすために、一定の情報開示が必要となる場合があります。

〔末 啓一郎〕

> **解 説**

採用時においては、Q7に整理されているとおり、その募集時と採用時に、それぞれ所定の労働条件を明示する必要があるに留まりますが、雇用契約締結の後においては、人事権を行使する上で、労働条件等に関して、さらに詳細な情報について従業員側に提供することが義務付けられています。

1　就業規則等

採用時においては、就業場所、労働時間・賃金など主要な労働条件の明示が義務付けられており、それ以外にも、懲戒処分の内容・手続き福利厚生等を含め、種々の労働条件について、使用者は就業規則・賃金規程等により定めを置いていることが一般ですが、これらの規則等が有効となるためには、労働者への周知が必要とされています。

就業規則については、労働基準監督署に届け出ることが手続上必要であるとされていますが、労働基準監督署への届け出自体は就業規則の効力発生要件ではなく、その従業員の周知が効力発生要件とされています。したがって、就業規則の改定については、その内容についても従業員の周知が必要とされることになります。

2　労働条件の変更等

　従業員の労働条件の変更の場合についても、その変更の内容について説明義務が定められている場合があります。まず、会社分割における労働契約の承継の場合については、説明義務が法律上定められており（労働契約承継7、平12法90改正商法附則5）、このような説明が義務的なものとされています。

　また、労働者派遣について、派遣労働者の採用の時点で、派遣元において労働条件の説明が必要であることは、通常の労働者の採用の場合と同様ですが、派遣の場合は、現実に派遣が行われる際に、その条件を説明する義務が法律上定められています。また、その他に派遣労働者から要求があった場合に、派遣先の労働条件について説明を行う義務があるとされています。

　さらに、配置転換・転勤・出向などについては、一般的な説明義務の定めはありませんが、実務的にそれらの内容を従業員に十分に説明し理解を求めて円滑な人事権の行使を図るのが一般です。特に転籍出向の場合については従業員の同意が必要であるため、その同意の取得のために、同意すべき対象となる出向に関する労働条件の明示が必要となります。

3　労働組合との交渉

　労働組合が存在する場合については、労働組合法7条2項で誠実交渉義務が定められており、この義務の履行のために、労働組合が求め

る必要な情報について提供する義務があるとされています。そして、これを提供しない場合については、労働組合法7条2項の団体交渉拒否の不当労働行為とされることがあります。

具体的にどの程度までの情報を提供しなければならないのかは、この情報の提供は誠実な交渉のために必要と考えられるか否かをケースバイケースで判断されることになります。

4　育児休業

育児休業に関しては、2020年の改正育児介護休業法21条において、当該労働者又はその配偶者の妊娠・出産等について、使用者に申出があった場合、育児休業に関する制度等についての説明を従業員に対して行うことが義務付けられています。

5　男性の育児休業取得率及び男女賃金格差の公表義務

男性の育休取得率等の大小に関しても、育児介護休業法で義務化されています。さらに、女性の職業生活における活躍の推進に関する法律により、男女の賃金差別についても交渉の義務が課せられています。これらは従業員に対する情報開示義務ではありませんが、これらについて公表を行う義務があるとすることで、従業員を含めたより広い対象者に対して情報の公開が求められているといえます。

6　解雇について

解雇についても、一定の場合に解雇理由等の説明義務が課せられています。労基法22条2項には、解雇を行う場合に従業員から求めがある場合には書面で解雇理由を通知しなければならないものとされています。どの程度まで詳しく書かなければならないのかの詳細については、具体的な規定は存在していません。したがって、就業規則の根拠

となる規定を示しただけであっても、その他の事情と合わせて考えれば、解雇の理由を示したことになり得る場合もありますが、その後の紛争になり得ることを考えた場合には、やはり然るべき理由の明示を行うことが望ましいといえます。

　これについては、誠実な団体交渉の実施と同様、解雇理由などについての説明及びそのための資料の提供なども含まれるところであり、さらに、解雇回避努力であるとか、退職に向けての追加的な給付などについて詳細に説明を行うことが有益であると考えられます。これについては具体的に法的な義務とされているわけではないが、整理解雇を円滑に行うために事実上要請されるものといえます。

Q16 労働者や応募者から保有個人データの開示請求等がなされた場合、どのように対応すればよいでしょうか。また、捜査機関、裁判所、弁護士等の第三者から労働者の情報の提供を求められた場合や転職予定先から労働者の情報の照会があった場合はどのような対応をすればよいでしょうか。

A 労働者や応募者から企業側に対して企業が保有している保有個人データの開示請求がなされた場合、企業側はこれに応じる必要があります。もっとも、人事に関するデータ等一定の情報については、開示等を拒否することができます。

捜査機関や裁判所、弁護士会等から労働者や応募者の情報の開示請求があった場合、一定の要件の下で対応することが必要となります。労働者の転職先からの照会に対しては、原則として労働者の同意を得た上であればこれに回答することができます。退職者についても基本的に同様であり、退職者側からの同意の取得を得た上で回答することになります。

〔安藤 広人〕

解　説

1　労働者等の個人情報の開示

会社は労働者の個人情報を保有していますが、労働者本人や会社外の第三者から、保有している労働者の個人情報の開示を請求されたり、また、任意で開示をお願いされたりすることがあります。これらの請求等がなされた場合の会社側の対応について整理します。

ポイントは、①誰からの開示請求なのか、②開示に対応する義務が

あるのか、それとも任意に対応することでよいのか、③開示の対象となる個人情報はどのような種類の情報なのかという点です。

(1) 誰からの開示請求なのか

個人情報の本人は、個人情報取扱事業者に対して保有個人データの開示、訂正等（訂正、追加又は削除）及び利用停止等（利用の停止又は消去）を求めることができます（個情33～35）。したがって、現に雇用関係を締結している労働者はもちろん、求職者や退職者から開示の請求があった場合には、会社側は本人からの開示請求として対応する必要があります。

一方で、本人以外の第三者から開示が請求された場合、個人データの第三者提供になることから、原則として本人から第三者提供についての同意を取得しておく必要があります（個情27）。

(2) 開示に対応する義務があるのか

個情法に基づく本人からの開示請求については、本人の権利であることが明確にされていることから、会社側は請求に対応する義務があります。ただし、一定の場合には、開示請求を拒むことができます（個情33②）。

第三者からの開示請求に対しては、原則的には本人からの同意が必要ですので、任意に開示することはできないということになります。ただし、法令に基づく場合には、本人の同意を必要とすることなく、開示を行うことができます。また、捜索差押令状などが発布されている場合などは、会社側はこれに応じる必要があります。

(3) 開示対象となる個人情報の種類は何か

開示の対象となる個人情報の種類によっても、開示が義務かどうかが異なってきます。例えば、会社側で本人に対して開示する必要があると法令上定められている情報、例えば労働時間、給与等の労働条件に関する情報（Q15参照）については、会社側がこれを怠ると、法令

違反となってしまいます。一方で、人事評価などの情報については、会社側が秘密として保有しておくことに十分な理由があるため、開示を求められたとしても、拒否することができると考えられます。

　第三者からの開示請求についても、無制限に開示を認めるのではなく、開示の目的に応じて、その範囲を検討していくべきでしょう。

2　個別の開示請求等に対する検討

以下、個別の事案に応じて会社側の対応について検討します。
　（1）　本人からの開示請求
　本人から会社側が保有している個人情報の開示請求があった場合、会社は個情法に従って、対応する必要があります。
　もっとも、
① 　本人又は第三者の生命、身体、財産その他の権利利益を害するおそれがある場合
② 　当該個人情報取扱事業者の業務の適正な実施に著しい支障を及ぼすおそれがある場合
③ 　他の法令に違反することとなる場合
には、開示を拒否することができます（個情33②各号）。

　例えば、人事考課は、当該労働者の適性や能力を総合的に評価して行われるものであり、会社側に広範な裁量が認められると考えられています。したがって、人事考課に関する情報は、会社側の業務の適正な実施のために非開示とすることも認められると考えられます。

　なお、個人情報保護委員会は、労働者本人からの開示請求について、①雇用管理情報の開示の請求に応じる手続について、あらかじめ労働組合等と必要に応じ協議すること、②業務の適正な実施に著しい支障を及ぼすおそれがある場合に該当するとして非開示とすることが想定される保有個人データの開示に関する事項を定め、労働者に周知する

ことが望ましいとしています（個情QA・Q 9-11）。

(2) グループ企業からの照会

実務上よくある事例としては、グループ企業間で、労働者の個人情報をやり取りしている場合があります。グループ企業であったとしても、個情法上は、別の個人情報取扱事業者とされていますので、グループ企業からの照会であったとしても、第三者提供の規制を受けることになります（個情27）。そこで、グループ間で人事交流を積極的に行い、人事情報をやり取りしている場合には、①グループ間で労働者情報を共同利用する形とするか、②第三者提供であるとする場合には、本人の同意を取得する必要があります。

(3) 転職予定先からの照会

退職予定者や退職者の転職予定先から、退職予定者や退職者がどのような人物であったのか照会を受けることがあります。この場合にも、個人情報を提供すると個人データの第三者提供になるため、本人の同意が必要となります。本人の同意は、個人データの第三者提供をする会社に対して必要ですので、照会を受けた会社が本人から同意を取得しなければなりません。退職者の場合には、直接同意を取得できないこともありますが、その場合には、転職予定先やリファレンスチェック事業者経由で、照会を受けた会社宛の同意書を取得してもらうことになります。

(4) 警察、裁判所等公的機関からの開示要請

警察や裁判所、弁護士会、行政機関等から、労働者の個人データについて開示を求められるケースもあります。例えば、警察からは捜査関係事項照会書、裁判所からは文書送付嘱託や文書提出命令、弁護士会からは弁護士法23条の2による照会がなされるような場合です。個人データの提供先が公的機関であった場合であっても、個人データの第三者提供であると考えられますが、法令に基づく場合には、本人の

同意なく第三者提供することができます（個情27①一）。

　したがって、公的機関から何らかの問合せや請求があった場合には、法令に基づく請求なのかを確認し、法令に基づく請求であれば対応が可能であると考えるべきです。ただし、各請求により他の要件を満たす必要があることがありますので、実際に提供するにあたっては、個情法以外の検討も行う必要があります。

　一方で、会社側から訴訟等の証拠とするため、従業員の個人情報を裁判所に提出することがあります。この場合にも、形式的には個人データの第三者提供となりますので、本人同意を取得しておく必要があります。もっとも、従業員本人の同意を取得することができないことも少なくありません。この点について、個情委は、「訴訟追行のために、訴訟代理人の弁護士・裁判所に、訴訟の相手方に係る個人データを含む証拠等を提出する場合は、「財産の保護のために必要がある」といえ、かつ、一般的に当該相手方の同意を取得することが困難である」（個情QA・Q13-3）と解釈し、本人の同意は必要ないとしています。

Q17 当社では、人事考課や配置転換等の際にAIによる労働者情報のプロファイリングを活用しています。これについて法律上注意すべきポイントはありますか。

A 人事権の行使が使用者の権利濫用等に当たる場合には無効とされます。特にAIプロファイリングを活用する場合にはAIの判断の信頼性や公平性が問題となり得ます。AIの判断に全面的に依拠してしまうことは、これらの人事権行使が無効とされるリスクを高めますので、あくまで人間が判断する際の参考情報にとどめることが妥当です。

〔丸田　颯人〕

解　説

プロファイリングの意義、一般的な個情法及び労働法上の留意点並びにAI倫理上の留意点についてはQ10で詳述しているので、これらについてはこれを参照してください。ここでは、人事考課、配転及び退職勧奨など、採用以降のタイミングで人事権を行使する際にAIによるプロファイリングを活用する場合に法律上注意すべきポイントについて解説します。

1　人事考課

【事　例】
　勤怠や仕事の実績、評価等のデータを基にAIが労働者の人事考課を行うことについて法的問題があるか。

職能資格制度における職能資格の上昇（昇格）と同資格の中での級の上昇（昇格）は、通例、滞留年数基準の幅の中で上司による人事考課によって決定されますが、査定の項目と基準が抽象的で、上司がする査定の裁量性は免れ難いとされています。AIによる人事考課はこのような上司の裁量に由来する不公平性・不透明性を低減するものとして期待されています。

法律的には、均等待遇（労基3）、男女同一賃金（労基4）、昇進等についての男女均等取扱い（均等6①）、不当労働行為（労組7）などの諸規定が査定行為を規制していますが、これらに反しない限りは、査定は人事考課制度の枠内での裁量的判断に委ねられると考えられ（大阪高判平9・11・25労判729・39、東京地判平16・9・29労判882・5、大阪地判平17・11・16労判910・55等）、査定権者が人事考課制度の趣旨に反して裁量権を濫用したという場合でなければ不法行為は成立しないと考えられています。裁量権の濫用に該当するような場合とは、例えば事実誤認・評価基準の適用の誤り・恣意的な評価・差別的な評価が考えられます。この点に関しては、ヒゲを禁止する就業規則への違反を理由にしたマイナス評価を、裁量の範囲を逸脱したものであるとの事例（大阪高判平22・10・27労判1020・87）があります。

したがって、事例のような場合でも、AIによる判断の基礎となったデータセットに事実誤認や差別的な評価につながり得る事情が含まれている場合や、AIによる評価の際に評価基準が誤って適用されたりしている場合には個別の人事考課が不法行為を構成する可能性があります。なお、上記のとおり、従来は人事考課の適法性は査定権者の裁量権の濫用に当たるかという判断枠組みで考えられてきましたが、査定権者は会社が用意したAIプロファイリングサービスを利用し、その評価結果を考慮要素にしているのであって、（AIが判断理由を全部説明してくれているのであれば別ですが）査定権者自身が誤った情報や差

別を助長するような情報を自ら取り入れているわけではありません。また、AIによる評価は機械的に行われており、人間の主観は含まれていません。そうすると、AIによる評価が最終的な査定権者の判断の考慮要素に占める割合が大きいほど、査定権者の裁量は小さくなるはずであり、「人事考課における査定権者の裁量権の濫用」という従来の論点設定がそのまま適用されない事案も想定されます。

例えば、AIに学習させるデータセットの適切性を確保するためにどのような措置をとっていたか、AIの評価に全面的に依拠せず人間も確認して妥当性確保を図っていたか、AIによる評価が、学習が進むにつれて不適切に歪んできていないか定期的に検証できていたかなど、従来の人事考課の適法性判断では考慮されてこなかった要素を考慮し、査定権者の人事考課における裁量の問題ではなく、使用者のAI利用における注意義務の問題として検討される可能性もあります。今後は、広く労務管理におけるAIの利用という観点から検討することが求められるように思われます。

2 配　転

【事　例】
　現在、業務Aを行っている労働者甲について、AIによるプロファイリングの結果、業務Aとは全く異なる内容の業務Bをすることに甲の適性が非常に高いことが判明した。甲に対し、業務Bに就くように配転命令をすることに法的問題があるか。

「配転」とは、従業員の配置の変更であって、職務内容又は勤務場所が相当の長期間にわたって変更されるものをいいます。そして、従業員の適正配置の観点からは、従業員をどこに配置すべきかの判断をAIに支援してもらったり、AIに判断を完全に委ねてしまったりする

こともあり得ます。

このような適正配置を支援するツールでは従業員の行動特性や性格なども分析され、このような分析に基づいて配置先や遂行すべき業務を決めることは法律上可能です（最判平12・3・24民集54・3・1155参照）。このようなAIによる分析に基づく配転が、従業員のジョブフィット率を高めてくれるような場合であれば問題はないかもしれませんが、むしろ従業員が配転に不満を持った場合には法律上の問題が生じ得ます。AIのプロファイリングの特徴として意外性があることはQ10でも述べましたが、事例のように意外性という特徴が配置転換で現れた場合にはどのように考えるべきか、以下で検討します。

一般的には、配転命令権が労働契約上認められているのであれば使用者に広範な裁量が認められており、①業務上の必要性がない場合、②当該配転命令が他の不当な動機・目的を持ってなされている場合又は③労働者に対し通常甘受すべき程度を著しく越える不利益を負わせるものである場合には例外的に無効であるとされています（最判昭61・7・14判時1198・149）。このように、配転命令は労働契約と判例に基づく権利濫用法理によって制限されているので、これに反していないかを検討する必要があります。

（1）労働契約による制限

使用者による配転命令権の根拠は、「業務の都合により出張、配置転換、転勤を命じることがある」などの就業規則における一般条項であることが多いです。このような労働契約上の根拠があったとしても、労働契約の締結の際に、又は展開の中で、当該労働者の職種が限定されている場合には、この職種の変更は一方的命令によってはできません（労契8参照。仙台地判昭48・5・21労判178・37等も同旨。）。

例えば、医師等の特殊技能を有する者であれば職種の限定があるのが普通であると思われ、裁判例上でも長年アナウンサーとして勤務し

てきた者について、それ以外への職種への配転を拒否できるとするもの（東京地決昭51・7・23判時820・54）がありますが、このような特殊技能者であっても、長期雇用を前提としての採用の場合には、当分の間は職種がそれに限定されているが、長期の勤続とともに他職種に配転され得るとの合意が成立している、と解すべきケースも多いとされています。

このように、AIによるプロファイリングに基づいて従業員を配転させる場合、まずは労働契約上配転命令権が定められているか、職種の限定がされているかを確認する必要があります。職種の限定がされていない場合であればAIが提案した全く異なる職種への配転も少なくとも労働契約上は可能ということになります。

なお、就業規則に配転がされる場合として「業務上の必要性がある場合」のほかに「AIによる判断が示された場合」も規定しておくことが想定され得るとの指摘がなされていますが（人工知能法務研究会編『AIビジネスの法律実務』39頁（日本加除出版、2017））、これに対しては①このような規則に変更することが不合理な不利益変更（労契10）に該当する場合がある、②このような文言を定めたとしても配転が権利濫用に当たれば無効となるから従来のような定め方と比較して配転命令の有効性が高まるわけではないとの見解が示されています（松尾剛行『AI・HRテック対応　人事労務情報管理の法律実務』248頁（弘文堂、2019））。AIによって配転の必要性が示されたという事情はあくまで配転の業務上の必要性があるかどうかの判断において考慮される一つの事情であることからすれば、「AIによる判断が示された場合」を規定したとしてもそれによって従前の定め方と比べて配転命令の有効性が高まるわけではないように思われます。一方で、労働者の予測可能性が高まる事実上の効果はあるように思われます。

（2）　権利濫用法理による制限

前述のとおり、労働契約上に配転命令権の根拠があったとしても、①業務上の必要性がない場合、②当該配転命令が他の不当な動機・目

的を持ってなされている場合又は③労働者に対し通常甘受すべき程度を著しく超える不利益を負わせるものである場合には配転命令は例外的に無効となります。この判断にあたっては、当該配転命令の業務上の必要性・その変更に当該労働者を充てることの合理性と、その命令がもたらす労働者の職業上ないし生活上の不利益の大きさを衡量することになります。したがって、労働者の不利益が通常甘受すべきものである場合には、業務上の必要性は余人をもって代えがたいという高度のものであることは要せず、労働力の適正配置、労働者の能力開発、勤務意欲の高揚、業務運営の円滑化などでよいと解されています（最判昭61・7・14労判477・6等参照）。

ア　業務上の必要性・不当な動機及び目的

AIの判断の信頼性はどの論点でも問題になり得ますが、配転の文脈では、AIの判断の信頼性が低いことは配転の必要性を否定する事情の一つとなり得ます。例えば、東京高裁平成20年3月27日判決（判時2000・133）は、配転案の根拠となったコンピュータソフトの試算結果の信頼性が薄いことを、配転の必要性を否定する事情の一つとして考慮しています。したがって、AIの判断が信頼できないことを主張して配転の有効性を労働者が争った場合、使用者としてはAIの判断が信頼できることを主張するか、必要性を基礎付ける他の事情を主張立証することになります。もっとも、正確な判断をするAIほど複雑な思考過程や独自の学習を経ており、その信頼性を説明することが困難な傾向にあると思われることからすると、労働者・使用者の双方にとって、AIの信頼性を争点化することの実益は乏しいようにも思われ、結局はAIの判断以外の必要性を基礎付ける他の事情が主要な争点となると予想されます。

イ　労働者の不利益の程度

事例のような場合では、これまで就いていた業務とは異なる業務に労働者を配転することが、当該労働者にとってどの程度の不利益となるかが問題となり得ます。特に、AIを活用する場合には、AIの意外性

第1章　労働者の個人情報の取得及び利用　　115

という特徴が発現して、これまでの経験とは関係がないように思われる業務への配転がAIによって推奨された場合の対応が問題となることが予想されます。

　例えば、市の医療センターの消化器外科部長及び消化器疾患副センター長であった外科医師に対する、がん治療サポートセンター長への配転命令につき、職員2名のみの同サポートセンターへの配転は外科医としての専門性を著しく毀損させるので、通常甘受すべき程度を著しく超えるとした裁判例（広島高岡山支決平31・1・10判時2412・49）があり、労働者のこれまでの経験も不利益の大きさを考えるときに考慮される一つの要素となり得ます。ただし、配転命令によって労働者のこれまでの経験等に鑑みて専門性が損なわれることが通常甘受すべき程度を著しく超える不利益であると判断されるような場合は、そもそも職種限定合意が認定され得る事案であると考えられます（前掲広島高裁岡山支部決定も同様で、「念のため」権利濫用について検討しているにすぎません。）。そのため、AIの意外性という特徴が発現してこれまでの経験や専門性とは関係がないように見える業務への配転の場合も、職種限定合意が認められないような場合であれば、労働者に通常甘受すべき程度を著しく超える不利益を与えるものとはされない場合が多いように思われます。

3　整理解雇・退職勧奨

　労働者の解雇・退職勧奨の場面におけるAIの活用方法としては、誰を解雇・退職勧奨の対象とするのかという対象者選定が主なものとして考えられます。以下では対象者選定が特に問題となり得る整理解雇及び退職勧奨について検討します。

　（1）　整理解雇

　解雇は既に形成されている労働契約を使用者が一方的に終了させる行為であり、労働者保護の必要性が高いため、使用者側が解雇権の行使が権利濫用でないことを主張立証しなければなりません。したがっ

て、AIの判断に基づいて整理解雇を行う場合には、ここまでみてきた人事考課や配転と異なり、使用者側がAIの判断の正確性、信頼性や公平性を積極的に主張する必要があります。以下ではこのような注意点を前提に検討します。

　整理解雇を使用者がするにあたっては、人員削減の必要性、手段として整理解雇を選択することの必要性、被解雇者選定の妥当性及び手続の妥当性のそれぞれを充足することが必要です。このうち、AIによるプロファイリングの活用が期待されるのは被解雇者選定の妥当性判断であると思われますが、これに関連して手続の妥当性も問題になり得ます。

　一般的に、裁判所が客観的かつ合理的でないとみなした基準による整理解雇は無効とされており、成績査定のみに基づく被解雇者の選定は、多分に主観的で合理性に乏しいとされる傾向にあるなど、裁判例の判断は一貫していません。AIの活用はこのような主観性を排除し、客観的に労働者を評価することができる手段として期待されていますが、前述の解雇における労働者保護の必要性の高さに鑑みれば、当該AIによる判断（又はこれを考慮した人間の判断）が合理的なのかという点についても、人事考課などと比して厳格に審査されます。

　もっとも、当該AIによる判断の合理性を裁判官が審査することが難しいと思われることからすれば、AIの判断以外の具体的事実や、労使の全体的な了解を尊重しているかということも重要な判断要素となり得ます。整理解雇においてAIを活用する場合には、その技術の特徴からAIによる被解雇者選定が合理的であったのかという議論が中心的となり技術的な論点に深入りしてしまう可能性がありますが、それ以外の具体的事実及び手続の妥当性も同様に重要な論点となり得ることには留意が必要です。したがって、整理解雇においてAIを活用する場合には、労働組合ないし労働者に対してAIによる判断も被解雇者の選定の際に考慮されていることを説明することが望ましいです。

第1章　労働者の個人情報の取得及び利用

（2）　退職勧奨

退職勧奨とは、企業が従業員に対し、自発的に退職するように促す行為のことであり、あくまで本人の自発的な意思による退職であるため、特段これを規制する法は存在しません。ただし、退職する労働者の任意の意思を尊重する態様で行うことが必要であり、場合によっては民法709条の不法行為に該当することもあります。

退職勧奨の限界について、東京地裁平成23年12月28日判決（労経速2133・3）は、「労働者の自発的な退職意思を形成する本来の目的実現のために社会通念上相当と認められる限度を超えて、当該労働者に対して不当な心理的圧力を加えたり、又は、その名誉感情を不当に害するような言辞を用いたりすることによって、その自由な退職意思の形成を妨げるに足りる不当な行為ないし言動」は不法行為となるとの一般的判断基準を定立しています。

このように、対象者選定の合理性は直接的には基準の中で考慮されていません。しかし、なぜ当該労働者が退職勧奨の対象になったのかという理由を告げずに一方的に退職勧奨して退職してもらっても、それが当該労働者の自発的な意思による退職であると後で説明することが困難でしょうから、なぜ当該労働者が退職勧奨の対象になったのかという理由を告知することは事実上不可欠です。そして、退職勧奨の対象となった理由が、「AIがそう判断したから」だけでは当該労働者が納得する可能性は低く、当該労働者が納得していないままの退職を自由な退職意思によるものだと説明することは、これもまた困難でしょう。

したがって、退職勧奨の場合も同様に、AIの判断以外に当該労働者に退職勧奨の対象となった理由を説明できるだけの具体的な事実について整理しておく必要があります。

4 有効性が争われた場合も見据えたAIプロファイリングの活用

　ここまででみてきたAIを活用した人事考課、配転及び解雇等の有効性が裁判で争われる場合、どの場面であってもAIの判断の正確性、信頼性や公平性は必ず争われる論点になると予想されます。これらの使用者の行為の有効性は、大雑把に言えば多くの場合は使用者の権利濫用に当たるかどうかによって決されます。そして、AIの判断が信頼できるかどうか、公平なデータを基礎としているかどうかは、人事考課や配転であればその有効性を争う労働者が、解雇であれば解雇をした使用者が主張立証すべきものです。

　しかし、AIの判断が信頼できるものか、公平と言えるかという事柄は評価を含んでおり一概には言えませんし、AIの判断がブラックボックス化しており、その思考過程を裁判官に納得してもらえるように説明することは少なくとも現時点では非常に困難と言わざるを得ません。したがって、人事考課、配転及び解雇等の有効性が裁判で争われる場合、主張立証責任を負う当事者の訴訟戦略として、AIの判断の正確性や公平性だけを問題とすることはあまり考えられず、その他の周辺事実も合わせて主張し、争点とすることが通常であると思われます。

　そうすると、AIを活用している使用者側からすれば、問題となっている行為がどれであれ、裁判で「AIがそう判断したから」という説明をしても裁判官は納得しないでしょう。AIを活用しても、なぜその人事考課、配転及び解雇等の人事をすることが正当化されるのかに関する具体的事実についての説明責任は最終的には免れません。AIプロファイリングは、人事上の判断の責任も判断に至った過程の説明責任も免れられる魔法の杖ではなく、あくまで人間が判断する際の参考情報にとどめることが妥当です。

第1章　労働者の個人情報の取得及び利用　　　119

Q18 ITを利用した労働者情報の勤怠管理サービスにはどのようなものがありますか。また、勤怠管理や安全管理について外部の事業者が提供するサービス（SaaS）を利用する場合どのような問題がありますか。

A 近時では、労働者の出退勤時刻のほか、休暇や残業時間、シフトなどをパソコンやスマートフォンを利用して管理するサービスを利用することも少なくありません。このようなサービスを利用することは、労働者の個人情報について取扱いを委託したものと考えられますので、サービスを利用する側は委託先の管理監督等を行う必要があります。

〔島﨑　政虎〕

解　説

1　新しい勤怠管理サービス

　企業は、労働者の給与を計算するためや、長時間労働を避け、労働者の安全衛生を確保するために、労働者の労働時間を管理する必要があります。近時のITの発達により、これらの勤怠管理についても、パソコンやスマートフォン経由で提供されるサービスにより行われることが多くなっています。

　このようなサービスでは始終業の打刻の管理のほか、有給申請、残業申請、シフト管理、休暇管理、交通費精算、給与計算、保険料計算、年末調整、入退社手続、人事評価、異動経歴管理など、多様な機能が実装されています。また、それらの中には、勤怠管理について、単なる始終業の打刻だけにとどまらず、位置情報の把握等のモニタリング

の機能なども有するシステムもあります（モニタリングについてはQ31参照）。

これらの勤怠管理サービスは労働者の個人情報を取り扱うサービスですので、個情法との関係に留意することが必要になります。

2 新しい勤怠管理サービスと個情法

このような新しい勤怠管理サービスについては、他の業務用システムと同様、パッケージ型（個々のパソコンにアプリケーションをインストールする手法）、オンプレミス型（自社内サーバーを用いて情報システムを構築する方式）、クラウド型（システム提供会社が提供するサーバー上に、人事に関するデータを保管する方式）があります。

このうちパッケージ型やオンプレミス型については、システム自体を自社で管理することが通常ですが、クラウド型については、サービスベンダーがサービスを管理することになりますので、勤怠データの管理を継続的に第三者に委ねることになります。そこで、個情法に関連する問題について、ユーザー、ベンダーの双方について検討します。

3 勤怠管理について外部サービス（SaaS）を利用する場合の問題点

（1） ユーザー側で検討すべき事項

パッケージ型やオンプレミス型のように、自社でシステムを構築する場合は、労働者と自社との関係のみを考えておけばよいのですが、クラウド型など、第三者の管理下に勤怠データを置く場合は、継続的に勤怠データについて第三者（サービスベンダー）が管理する状態が継続するため、さらに別途の観点からの評価が必要となります。

ア 個情法上の問題点

個人情報に当たる勤怠情報を外部ベンダーが提供するサービス上で利用することは、個情法における第三者への提供に当たるか否かが問題となります。

個人情報保護委員会は、契約条項によって外部事業者がサーバーに保存された個人データを取り扱わない旨が定められ、かつ、適切にアクセス制御を行っている場合等には、第三者提供にも委託にも当たらないとの見解を取っています（個情QA・A7−53）。ユーザー側としては、この個人情報保護委員会の見解に従って、自社が利用するSaaSが個情法上どのように扱われるのか見解を固めておく必要があります。

イ　規約の問題点

SaaSベンダーは、データセンター等への立入りや現地調査を利用者側に認めない旨の規約としている場合が多く、実際にどのように管理がなされているのかはSaaSベンダー側の説明を信頼するしかありません。

また、システムダウンや漏えいなどの事故が生じた場合についても広範な責任制限条項が定められており、SaaSベンダーから十分な賠償を期待できないケースもあります。

ユーザー側としては、規約にリスクがないか十分に検討しておく必要があります。

（2）　ベンダー側の留意点

勤怠管理システムを提供するベンダー側としても、自社サービスが個情法上どのような法的構成と考えられるのかについては、あらかじめサービス開始時に固めておく必要があります。

また、利用規約においては、①ベンダーがサーバーに保存された個人データを取り扱うのか取り扱わないのか、アクセス制御を行っているのか否かを明らかにすること、②サーバーの所在地が、国内なのか、国外なのかその所在地を記載すること、③漏えい事故や目的外利用などの事故が生じた場合にベンダーが通知を行うことなどを明らかにして、ユーザー側アピールをすることが考えられます。

さらに、ベンダー側としては、利用規約において、損害賠償額の上限など、責任制限条項を整備し、リスクの見通しをつけやすくしておくとよいでしょう。

Q19 応募者の重複のエントリーを避けるために、応募者の情報を保有しておくことはできますか。また、雇用後に取得した従業員の個人情報は、当該従業員が退職したら消去しなければなりませんか。

A 個情法では、個人データを利用する必要がなくなったときには、当該個人データを遅滞なく消去する努力義務が課せられています。

しかし、重複エントリーを防止するなどの目的があるのであれば、そのための合理的な期間については、応募者情報を利用する必要がなくなったとは言い難いため、応募者情報を保有しておくことはできると考えられます。もっとも、その合理的な期間を過ぎた段階では、当該個人データを消去するべきです。また、個別の請求があった場合には、遅滞なく消去しなければなりません。

退職者の情報の場合についても同様に、消去をすべきか否かは、不正の追及のためや、OB・OG会等の連絡のためなど、その個人データを保有する必要性の有無により検討されることになります。

〔犬飼 貴之〕

解 説

1 情報の消去に関する一般論

個情法においては、個人データについて、「利用する必要がなくなったときは、当該個人データを遅滞なく消去するよう努めなければならない」（個情22）とされています。加えて、本人が識別される保有個人

データを企業が「利用する必要がなくなった場合」等の場合においては、当該本人は、保有個人データの利用停止等を請求することができるものとされています（個情35⑤）。そのため、企業は、当該場面において請求を受けた際には、原則として、情報の消去をする必要があると考えられます。もちろん、「当該保有個人データの利用停止等……に多額の費用を要する場合その他の利用停止等……を行うことが困難な場合」には、他の措置をとれば足ります（個情35⑥）が、安易に認められる例外規定ではないため、その判断は慎重に行う必要があります。また、情報を保有しているということは、漏えいが発生した際の損害賠償責任等のリスクを抱えるということでありますから、不要になった情報は積極的に消去していくことが自社のリスク軽減につながると考えられます。

では、前述の「利用する必要がなくなった」場合や「利用停止等……を行うことが困難な場合」とは、どのような場合でしょうか。具体的には、不採用が決まった応募者の情報や、退職者の情報との関係で、どのような場合がこれに該当するかについて下記２及び３において解説します。

また、どのような措置を講じれば「消去」したといえるかについては下記４において解説します。

２　応募者情報の消去について

前記１の観点からは、自社の採用に応募して不採用が決定した応募者の情報は消去する必要があるようにも思われます。しかしながら、当該応募者が重複エントリーをしてきた際に、会社として、重複エントリーであることに気付くことができないと、採用活動に無駄な時間を要することになってしまうため、不採用が決定した応募者の情報であっても、情報を残しておきたいというニーズがあると考えられます。

そういった場合であっても、応募者の情報については消去が必要でしょうか。

（1） 自発的な消去の必要性

前記1で述べたとおり、消去の努力義務が生ずるのは、情報を「利用する必要がなくなったとき」です。「利用する必要がなくなったとき」の判断方法は明らかではありませんが、再応募への対応等の必要があるのであれば、未だ「利用する必要がなくなったとき」に当たるとはいえないと考えられます。

したがって、そのような対応をする必要が生ずる可能性のある期間が経過した後は応募者情報を消去する努力義務が生ずることになります。

（2） 請求を受けた際の消去の必要性

前記1で述べたとおり、応募者は、企業が応募者の情報を「利用する必要がなくなった場合」には、保有個人データの利用停止等を請求することができるものとされています（個情35⑤）。そして、個情法GL（通則編）3-8-5-1は、「利用する必要がなくなったとして利用停止等又は第三者提供の停止が認められる事例」として、「採用応募者のうち、採用に至らなかった応募者の情報について、再応募への対応等のための合理的な期間が経過した後に、本人が利用停止等を請求した場合」を挙げています。裏を返せば、「再応募への対応等のための合理的な期間が経過」するまでの間は、「利用する必要がなくなった場合」に当たらず、利用停止等の請求は認められないと考えられます。

したがって、そのような合理的な期間の経過後に請求を受けた場合には、情報を消去する必要があると考えられます。

3 退職者の個人情報の消去

前記1の観点からは、利用目的を達成した個人データは消去する必要があるため、退職者の情報は消去する必要があるようにも思われます。しかしながら、当該従業員に在職中の不正の疑い（退職直前の営

業秘密の持ち出し等）が生じた場合や当該従業員に訴訟を提起された場合には、調査の必要があるため、退職者の情報であっても、情報を残しておきたいというニーズがあると考えられます（例えば、不正行為Aについて疑いが生じている退職者について、他にも不正行為（不正行為B、不正行為C等）を行っていなかったかチェックする観点から、網羅的にフォレンジックを行うことも考えられます。そうした場合には、被疑不正行為Aとの関係の情報のみならず、当該退職者の情報全てを残しておく必要があると考えられます。）。

そういった場合であっても、退職者の情報については消去が必要でしょうか。

（1）　自発的な消去の必要性

前記1で述べたとおり、消去の努力義務が生ずるのは、情報を「利用する必要がなくなったとき」です。「利用する必要がなくなったとき」の判断方法は明らかではありませんが、少なくとも法令により所定期間の保存が義務付けられている情報については、「利用する必要がなくなったとき」には当たらないと考えられます。

法令により所定期間の保存が義務付けられている情報としては、典型的には「使用者は、労働者名簿、賃金台帳及び雇入れ、解雇、災害補償、賃金その他労働関係に関する重要な書類」（労基109）が挙げられます。出勤簿についても、出勤簿がなければ賃金台帳が作成できないと考えられることから（労基則54）、「その他労働関係に関する重要な書類」に該当し、同様に保存が必要であると考えられます。また、労働者の健康診断個人票についても保存義務が課されています（安衛則51）。これらの保存義務の期間は、いずれも5年間です。

したがって、少なくとも、これらの書類に記載されている個人情報については、その所定期間が経過するまでは、「利用する必要がなくなったとき」には当たらないと考えられます。

また、法令により所定期間の保存が義務付けられている情報以外の情報についても、当該従業員に在職中の不正の疑いが生じた場合や当該従業員に訴訟を提起された場合には、いまだ「利用する必要がなくなったとき」に当たるとはいえないと考えられます（例えば、退職者で構成されるOB・OG会、連絡会等については、半永続的に連絡を取り続ける必要があるため、情報を利用する必要性が存在し続けると考えられます。）。

したがって、これらの状況が解消された際には、努力義務ですが、情報を消去することが望ましいと考えられます。

（2） 請求を受けた際の消去の必要性

この場合も、前記2（2）の場合と同様に考えれば、当該従業員の在職中の不正の疑いが晴れるまでの間や当該従業員との間の訴訟が終結するまでの間は、「利用する必要がなくなった場合」に当たらないため、利用停止等の請求は認められないと考えられます。

また、個情法35条6項ただし書との関係でも、「他の法令の規定により保存が義務付けられている保有個人データを遅滞なく消去する代わりに、当該法令の規定による保存期間の終了後に消去することを約束する場合」には、「本人の権利利益を保護するため必要なこれに代わるべき措置をとるとき」という要件を満たすと整理されています（個情GL（通則編）3-8-5-3）。

すなわち、法令により所定期間の保存を求められている情報については、①個情法35条5項の要件を満たさない、②個情法35条6項ただし書の例外に当たる、という二つの理由で請求を拒むことができると考えられます。

したがって、これらの状況が解消された後に請求を受けた場合には、情報を消去する必要があると考えられます。この点に関しては、個情法QA・Q9-22においても「退職した社員の個人情報についても、取得時に特定した利用目的の範囲内で利用することは可能ですが、当該

利用目的が達成されたときには、利用する必要がなくなった場合に該当し、当該請求に応じる義務があると考えられます（法第35条第6項）。」とされています。

（3） 就業規則との関係

単なる応募者の場合との大きな違いとして、従業員は就業規則によって規律することができるものとされています。もっとも、個情法上の義務違反は、基本的には、同意取得によって違法性が阻却されるものではないと考えられるため、仮に就業規則によって同意を取得したとしても、個情法上の義務を回避することはできないと考えられます。

4　消去の方法

上記に照らして消去の義務又は努力義務を負う場合には、いかなる措置を講ずれば、「消去」の義務を果たしたといえるでしょうか。個情法GL（通則編）3-4-1においては、「『個人データの消去』とは、当該個人データを個人データとして使えなくすることであり、当該データを削除することのほか、当該データから特定の個人を識別できないようにすること等を含む。」とされています。それ以上の具体的な実施方法については解説されていませんが、「消去」の履践にあたっては、各種ガイドラインが参考になると考えられます。また、民事責任の観点からも、「消去」が不十分であれば、情報の漏えいにつながり、ひいては損害賠償責任を負うことにつながる可能性があります。特に、単に電磁的記録媒体の廃棄をしただけでは「消去」をしたとはいえないと考えられるため、電磁的記録媒体を廃棄する際には、自社の手元から離れる前に確実に消去を実施する必要があると考えられます。例えば、2019年には、神奈川県庁がハードディスクを廃棄する際に、情報の消去が不十分なまま業者に委託をし、委託先業者も媒体を破壊せず転売したために県民の個人情報が漏えいするという事案が発生しました。このような事案においては、情報が含まれた電磁的記録媒体につ

いて、ガイドラインに沿った確実な消去を行わず廃棄業者に処分を委託したものと考えられ、このような場合には、「消去」をしたとはいえない可能性が高いといえます。

　具体的には、内閣サイバーセキュリティセンター（NISC）「サイバーセキュリティ関係法令 Q & A ハンドブック Ver2.0」、NIST SP800-88 Revision 1、ISO 27002：2022及びそれと同内容であるJIS Q 27002：2014、一般社団法人電子情報技術産業協会（JEITA）「パソコンの廃棄・譲渡時におけるハードディスク上のデータ消去に関する留意事項」等の各種文書に示されている手法に沿って情報の消去を行えば、前述の個情法GL（通則編）3-4-1において示されている「消去」を行ったといいやすいと考えられます。例えば、NIST SP800-88 Revision 1においては、消去（Clear）、除去（Purge）、破壊（Destroy）の３種類が示されており、媒体の種類（ハードコピーストレージ、ネットワークデバイス、モバイルデバイス等）に応じて、３種類の手法の具体的な実施方法がAppendix Aで示されています。少なくとも、これに沿った措置を講ずれば、前述の個情法GL（通則編）3-4-1において示されている「消去」の定義に当てはまりやすいと考えられます。

　また、上述の「消去」の作業を外部の業者に委託する場合、当該業者が「消去」を実施しなかった際には、委託者自身も責任を負うことになる可能性があります。そこで、上述の「消去」の作業を行ったことについて証明書等の交付を求める等の対応が必要となります。

第3　多様な働き方及びグループ企業等

1　多様な働き方－非典型労働者・兼業

　これまでは、特定の企業において、期間の定めなく、また、フルタイムで就労することが一般的でした。しかし、働き方の多様化によって、このようないわゆる典型労働者ではない、非典型な働き方をする労働者が増加しています。

　このような非典型労働者では、就業場所の企業と実際に雇用している企業とが異なることがあります。例えば、派遣社員は、派遣元の企業と雇用契約を結びますが、派遣先企業は別の企業となります。このような就業場所と雇用契約のずれがあることにより、労働者の個人情報の扱いは様々な点に留意する必要が出てきます（Q21参照）。

　また、非典型労働者では、派遣、出向、兼業・副業など同様に労働者が複数の企業で就業するケースも少なくありませんが、このようないわゆる兼業や副業の場合についても安全管理等の観点で労働者情報の扱いが問題となります（Q22参照）。

　このほか、個人情報の海外移転についても解説しています（Q23参照）。

2　グループ企業

　このように、労働者が複数の企業で就業するケースにおいては、それぞれの企業が全く資本関係のない独立した企業である場合もあれば、資本関係等で強く結びついたグループ企業である場合もあります。その場合については、採用や労務管理等について、特に労働者のデータの管理について、注意をするべき問題が出てきます。そこで、このようなグループ企業特有の問題についても、取り上げています（Q20参照）。

グループ会社で共同して採用を行う場合に、応募者情報のやり取りで留意する点はありますか。

　　グループ企業で採用を行う場合には、実際に採用する企業がどの企業となるか誤解を与えないような表示が必要です。また、応募者情報のやり取りを行うにあたり、どのような法的構成をとるのかあらかじめ検討しておく必要があります。

〔安藤　広人〕

解　説

1　グループ企業による人事と法規制

　グループ企業は、親会社と子会社等、相互に資本関係がある企業群のことをいいますが、法律によって定義されているものではありません。グループ企業は、グループ企業を構成する企業の人事部門を一社に集約するなどして、管理部門を共通化していることも少なくなく、採用情報、人事情報をグループで共有していることもあります。

　そこで、グループ企業による採用や、グループ企業による人事情報の共有を行うにあたって、個情法をはじめとして留意するべき法規制について整理します。

（1）　グループ企業による共同採用の留意点

　　ア　グループ企業の表示

　グループ企業による採用の場合でも、単独で採用する場合と同様、労働条件の明示や、求人に関する情報を求職者に示すことが必要です（募集者が示すべき事項については、Q 7参照）。

　求人に関する情報は、求職者に誤解を生じさせないようにすること

が必要です(職安5の4①)。したがって、グループ企業における採用においては、優れた実績を持っていたり、知名度が高かったりするグループ企業のみを記載する等、実際に求人を行っている企業とグループ企業が混同されるような表示をしないように留意する必要があります。

　イ　グループ企業間での応募者情報のやり取り

　グループ企業であったとしても、グループを構成する個々の企業それぞれが個人情報取扱事業者に該当します。そのため、グループ企業間で応募者情報(応募者データ)をやり取りする必要がある場合には、応募者情報の第三者提供となる可能性を考え、あらかじめ法律上問題ない形で個人データをやり取りできるように考えておく必要があります。

　具体的には、グループ企業で応募者情報を共同利用する方式や、グループ企業で応募者情報をやり取りすることについてあらかじめ応募者より同意を取得しておく方式などが考えられます。

　　(ア)　共同利用方式によるグループ採用

　グループ企業間で応募者情報をやり取りする場合、一部のグループ企業が収集した応募者情報を他のグループ企業に提供するに先立ち、一定の事項を本人に通知し、又は本人が容易に知り得る状態に置いているときには、共同利用として、共同利用を行う者間での個人データのやり取りは第三者提供とはなりません(個情27⑤三)。したがって、提供にあたって、本人から同意を取得する等の第三者提供に伴う規制に対応する必要がなくなります。

　共同利用とするために通知等をする必要がある一定の事項とは、①共同利用をする旨、②共同して利用される個人データの項目、③共同して利用する者の範囲、④利用する者の利用目的、⑤当該個人データの管理について責任を有する者の氏名又は名称及び住所並びに法人に

あっては、その代表者の氏名です。

　このうち、個情法GL（通則編）では、本人がどの事業者まで将来利用されるか判断できる程度に明確にしておけば、共同して利用する者の範囲については、必ずしも全ての社名を記載する必要はないとされています。しかし、前述のとおり、求人に関する情報を提供するにあたっては誤解を生じさせる表示を行うことが禁じられていますので（職安5の4①）、共同利用の表示においても、優れた実績を持つグループ企業のみを記載する等、求人企業とグループ企業が混同されるような表示をすることは避けるべきでしょう。

　また、個人情報の利用目的は、取得の状況からみて利用目的が明らかであると認められる場合には、通知又は公表する必要はないとされていますが（個情21④四）、共同利用の目的については、そのような例外は定められておらず、利用目的を示すことが必要です（個情QA・Q4-15）。

　　（イ）　第三者提供方式によるグループ採用

　一方で、共同利用としない場合には、グループ企業間での応募者情報のやり取りは個人情報（個人データ）の第三者提供となるため、本人の同意を取得しておくことが必要になります（個情27①）。

　第三者提供方式は応募者本人から第三者提供の同意の取得を必要とすることになりますので、実際に同意取得のスキームを検討する必要があります。一方で共同利用する方式はウェブサイトなどにより一定事項を開示することによって実施することができ、比較的容易に実施することができると考えられます。

（2）　グループ企業による人事情報の共通化

　グループ企業において人事を共通化する等した場合、各グループ企業の人事情報を、人事部門を有するグループ企業（例えばホールディングカンパニー）が扱うことになります。人事情報は労働者の個人情

第1章　労働者の個人情報の取得及び利用　　133

報に該当しますので、人事情報（人事データ）をやり取りするにあたっては、個情法の第三者提供の規制を念頭に制度設計を行う必要があります。

　取り得る方法としては、採用の場合と同様、①共同利用方式と、②第三者提供方式の二つが考えられます。共同利用方式の方が容易に取り得る方法であることは、就労後でも同様であると考えられますが、外部仲介サービスなどを利用することが想定される採用時と異なって、入社時に労働者と直接雇用契約等を締結する機会があるため、第三者提供の同意を取得することは必ずしも困難というわけではありません。

　なお、グループ企業間で人事異動を行う場合には、出向や派遣などの方法によることも多いですが、この場合の問題点については、Q21を参照してください。

2　同一企業内の労働者情報の共有

　労働者の個人情報は多岐にわたりますが、通常は人事部門を中心に保有されることになります。それでは、労働者の個人情報を部門を超えて共有することについて、何らかの問題はあるでしょうか。個情法においては、同一の企業であれば、同一の個人情報取扱事業者となるため、その中でどのような範囲で労働者情報を共有するかについては特に問題にはなりません。

　しかし、労働者の健康情報等で、特に差別につながるような情報については、業務上の必要も認められないのに、社内で共有するような場合には、プライバシーの侵害として不法行為を構成することがあります。裁判例では、HIVの感染情報を社員に共有したことがプライバシー侵害であるとしたものがありますので、このような観点での注意が必要です（東京地判平7・3・30判タ876・122）。

Q21 派遣、出向、請負・業務委託等の際に、派遣労働者、出向者、委託先の従業員等の情報を自由に共有することはできるのでしょうか。また、労務提供の形態によって制限されることはあるのでしょうか。

A 前提として、派遣元と派遣先、出向元と出向先、委託元と委託先はそれぞれ別の主体になることもあり、個人情報の共有に関しては、個情法に基づく一定の処理が必要です。

また、労務提供の形態によっては、個情法以外にも、特別な規制等が課せられます。例えば、派遣労働者の情報の共有に関しては、派遣法等に基づく一定の制限が課せられ、また、出向者や委託先の従業員の情報の共有に関しても、情報の内容や共有態様によっては、偽装出向や偽装請負と判断されるおそれがあることに留意する必要があります。

〔櫻井　駿〕

解説

1　様々な労務提供の形態

労働者派遣、出向や請負・業務委託等のように、単純な雇用契約に基づかない形態で労務提供がなされることがありますが、それらに関する内容次第では特別な規制等が課されます。例えば、労働者派遣であれば、「派遣元事業主が講ずべき措置に関する指針」(平11・1・17労告137)や「派遣先が講ずべき措置に関する指針」(平11・1・17労告138)、「労働者派遣事業関係業務取扱要領」(令和6年4月厚生労働省職業安定局)等を遵守する必要があります。これについては、出向や請負・

第1章　労働者の個人情報の取得及び利用　　135

業務委託の形式をとっているものの、実態が労働者供給や労働者派遣となっているものである場合には、偽装出向や偽装請負として、職安法や派遣法に違反することになりますので注意が必要です。労働者派遣、出向、請負・業務委託については、雇用関係や指揮命令権の帰属によって区別することができ、大要、次の図のようになります。

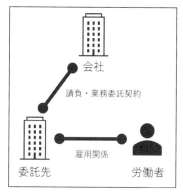

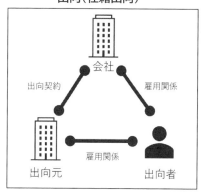

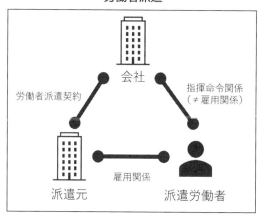

＜各形態における労務従事者の情報取扱いに関する特別の制限＞

労務提供の形態	情報取扱いに関する特別の制限	主な制限の内容
労働者派遣	あり	・派遣元が取得等できる派遣労働者の個人情報は原則として業務の目的達成に必要な範囲内に限定 ・派遣元が派遣先に提供できる派遣労働者の個人情報も原則として派遣法に基づく通知事項や派遣労働者の業務遂行能力に関する情報に限定
在籍出向	なし	―
請負・業務委託	あり	以下のような委託先の従業員情報を取得等する行為が偽装請負に該当するおそれあり ・委託先の従業員から委託元を宛先とする誓約書を直接取得 ・委託先の従業員の職務経歴書の提供依頼や事前面談 ・業務遂行にあたって委託先の特定の従業員を指名 ・委託先の従業員の具体的な業務の割り付け及び欠勤等の調整

2　個情法による規制

　事業を行うに際して労働者等の個人情報を取り扱う場合には、原則として個人情報取扱事業者に該当するものと考えられます。そして、事業を行うに際して、労働者派遣、出向、請負・業務委託のように第三者を介して労務提供を受ける場合、当該第三者から、労務に従事する者（労務従事者）の個人情報を提供してもらうことがあります。このような場合、個人情報の提供を受ける側は、個情法に基づいて利用

目的の公表・通知等をしなければなりません（個情21①）。具体的な公表・通知等の方法としては、自社のウェブサイトや（労務従事者にもアクセス権限を付与した）社内ネットワークに利用目的を掲載する等、自社の正規雇用の従業員に対するものと同じような方法によることが考えられます。

　また、第三者から提供される個人情報が、個人データの形式で提供される場合、派遣法のような法令に基づいて提供されるもの等でなければ、原則として労務従事者の事前同意も必要となります。さらに、個人データの提供に関する記録の作成・保存義務や確認義務等も課されることになります（個情29・30）。

　もっとも、共有態様を工夫することによって、労務従事者の事前同意等を不要にできる場合もあります。例えば、グループ企業間で共同利用として出向者の個人データを共有するのであれば、事前同意の取得をはじめとする第三者提供に関する義務等は課されません（個情27⑤三）。

　以上のとおり、第三者から提供を受ける個人情報の性質・内容、提供方法や利用目的等によって個情法における取扱いが変わってくるため、具体的な提供の枠組みを取り決め、当該枠組みに応じた手続をとらなければなりません。

3　情報内容に応じた個別の留意点
（1）　派遣労働者の情報

　個情法による規制は前述のとおりですが、労働者派遣における個人情報の取扱いについては、派遣法に基づく規制も課されます。例えば、派遣元は、労働者派遣に関し、原則として業務の目的達成に必要な範囲内で派遣労働者（派遣労働者となろうとする者を含みます。）の個人情報を収集、保管及び使用しなければならないものとされています（派遣24の3）。派遣に係る業務の目的達成に必要とまではいえない個人情報を収集等しようとする場合、他の目的を示して本人の同意を得るこ

と等が必要となります（派遣24の3①ただし書）。特に、次の①から③のいずれかに該当する個人情報については、職安法指針等で定められているのと同じように、特別な業務上の必要性が存在することその他業務の目的の達成に必要不可欠であって、収集目的を示して本人から収集する場合を除き、派遣元が収集してはならないとされています（「派遣元事業主が講ずべき措置に関する指針」第2・11(1)イ、「労働者派遣事業関係業務取扱要領」第4・6(2)イ）。

対象となる個人情報	具体例
①　人種、民族、社会的身分、門地、本籍、出生地その他社会的差別の原因となるおそれのある事項	・家族の職業、収入 ・本人の資産等の情報 ・容姿、スリーサイズ等
②　思想及び信条	・人生観、生活信条 ・支持政党 ・購読している新聞や雑誌、愛読書
③　労働組合への加入状況	・労働運動、学生運動、消費者運動その他社会運動に関する情報

　そのため、派遣元が、上表の①から③に関する個人情報を取得しようとする場合、その収集目的を示して本人から提供を受けるとともに、宗教団体の聖職者における信仰、特定国料理を重要な特色とするレストランコックの国籍等といった、特別な業務上の必要性等を要するといえます。

　また、労働者派遣を行う際に、派遣元が派遣先に提供することができる派遣労働者の個人情報も、原則として後述の派遣法に基づく通知事項（派遣35①）及び派遣労働者の業務遂行能力に関する情報に限られるとされています。

　なお、派遣先は、当該通知事項を受ける前段階である労働者派遣契約の締結に際し、履歴書を送付させること等の派遣労働者の特定を目

的とする行為をしないように求められています。この点に関し、派遣法26条6項は努力義務としていますが、同法に基づく「派遣先が講ずべき措置に関する指針」においては、派遣労働者の特定を目的とする行為は行ってはならないとされています（ただし、同指針においても、派遣労働者が自発的に履歴書を派遣先に送付すること等は許容されています。）。

＜派遣法35条1項に基づく通知事項＞
・派遣労働者の氏名
・性別
・協定対象派遣労働者であるか否かの別
・無期雇用派遣労働者か有期雇用派遣労働者であるかの別
・60歳以上であるかどうかの別、（18歳未満である場合は）年齢、（45歳以上である場合は）45歳以上である旨
・健康保険、厚生年金、雇用保険の被保険者資格取得状況

　いずれにせよ、派遣先は、前述の派遣法に基づく通知事項等以外の個人情報の提供を受ける場合、余計なトラブルに巻き込まれないようにするためにも、派遣元に対し、派遣労働者本人の同意取得等をさせておくのがよいでしょう。この関係では、個情法において、偽りその他不正の手段により個人情報を取得してはならないとされていることにも留意する必要があります（個情20①）。
　また、派遣先が、派遣労働者から直接、個人情報を取得すること自体は、派遣法等で明確に禁止されてはいません。もっとも、取得する個人情報の内容やその態様次第では、派遣労働者との間に雇用関係が成立しているとみなされる可能性がないとはいえず、派遣元において取得できる個人情報が制限されていることも踏まえれば、慎重に行う必要があります。少なくとも、派遣先が派遣労働者から個人情報を直接取得する場合は、あらかじめ派遣元に連絡をした上で、業務上の必要性がある範囲で取得しておくことが穏当です。
　ただし、派遣労働者の安全衛生対策の観点から、一定の情報提供が

求められることがあります（これに関する詳細については、「派遣労働者に係る労働条件及び安全衛生の確保について」（平21・3・31基発0331010）や当該通達を分かりやすく解説したパンフレット「派遣労働者の労働条件・安全衛生の確保のために～派遣元・派遣先の責任区分の十分な理解と相互の連携を～」等を参照してください。）。

（2） 委託先の従業員の情報

委託元が、請負・業務委託の委託先の従業員情報を取得等する場合には、特に偽装請負に該当しないように行う必要があります。例えば、委託元が次のような行為を行う場合は、偽装請負に該当すると判断されるおそれが高いといえます。

① 委託先の従業員から委託元を宛先とする誓約書を直接取得すること。
② 委託先の従業員の職務経歴書の提供依頼や事前面談をすること。
③ 委託先の特定の従業員を指名して業務に従事させたり、又は、就業を拒否したりすること。
④ 委託先の従業員の具体的な業務の割り付け及び欠勤等の調整に関して決定すること。

これに対し、次のような行為は、直ちに偽装請負に該当すると判断されるおそれが高いとはいえないと考えられます。ただし、委託先から個人情報の提供を受ける場合、個情法やプライバシー保護の観点から、本人の同意取得が必要となることがあります。

① 情報漏えい防止のため、委託先の従業員の委託先宛ての誓約書の写しを提出させること。
② 委託先の技術力を判断する一環として、委託先の従業員の従事する業務に関する技術・技能レベルや経験年数等を記載したスキルシートを提出させること。
③ 誰をどのような業務に従事させるかは委託先が決定する前提で、労務従事者を一定の資格保有者に限定すること。
④ セキュリティ上の理由等から、委託元の事業所で作業する委託先の従業員の氏名リストを提出させること。

(3) 出向者の情報

　出向元と出向先であっても法的には別の主体であり、前述のとおり、出向元と出向先で個人データを共有する場合、原則として出向者本人の同意が必要となります。そのため、出向元と出向先で対象者の選定を検討する場合等、出向者本人に伝える前に個人データを出向元から出向先に提供するのであれば、入社時の誓約書等において、包括的な事前同意を取得しておくことも考えられます。

　また、従来、特定個人情報については、出向者本人の同意があったとしても、出向元から出向先に提供することはできませんでしたが、現在は、出向者本人の同意がある場合には提供できるようになっています。この同意取得にあたっては、個人番号を含む特定個人情報の具体的な提供先を明らかにする必要があり、前述の包括的な事前同意では許容されないと考えられます。

---

advice

○実務上の留意点

　労働者派遣、出向や請負・業務委託によって他社から労務提供を受ける場合、自社とは異なる主体である以上、個人情報の共有にあたっては、個情法の規制に特に留意する必要があります。また、労働者派遣や請負・業務委託においては、派遣法等の規制を考慮する必要があります。そのため、労務提供を行う側（派遣元・委託先）と労務提供を受ける側（派遣先・委託元）とで、労務従事者（派遣労働者・委託先の従業員）の個人情報の取得方法や共有する情報内容について十分に協議すべきでしょう。

Q22 兼業や副業の場合、従業員情報の点で、何か留意する点はありますか。また、海外の企業との兼務の場合はどうでしょうか。

A 兼業・副業において、従業員に関する個人データを提供する場合、兼業・副業が雇用関係であるのかそれ以外であるのか、兼業・副業のサービス提供先が国内であるか海外であるかなどにより、規制が変わってくるため、それぞれについて慎重な検討が必要となります。

〔末 啓一郎〕

解 説

1 総 論

兼業・副業については、従業員が兼業・副業先に「雇用」され、その従業員として勤務する場合と、「請負」や「業務委託」の形で、自営業者として業務を行う場合があります。兼業・副業が雇用であるのか、請負や業務委託であるのかは、労働時間管理などについて違いが生じるため、法形式に留意して検討する必要があります。そして法形式の違いが、従業員情報の取扱いについても影響を与えることになります。

2 兼業・副業先との間の従業員の個人データの提供の問題
（1） 労働条件

兼業・副業は、出向の場合とは異なり、兼業・副業先の雇主又は注文主は、当該従業員の本業の雇用主との契約関係等がありませんので、兼業・副業を行う従業員の労働条件・請負条件等の決定のために、当該従業員の本業における個人情報の提供を受けることは困難であるだ

第1章　労働者の個人情報の取得及び利用　　143

けでなく、その必要性も乏しいといえます。したがって、そのような関係で本業の雇用関係における使用者と、兼業・副業における雇用主・注文主等との間で、当該従業員情報の第三者提供の問題が生じることはほとんど想定できません。

（2）　労働時間管理

　兼業・副業先において、請負ではなく雇用契約関係で就労が行われる場合については、労基法38条1項で「労働時間は、事業場を異にする場合においても、労働時間に関する規定の適用については通算する。」と規定されており、また行政通達により「事業場を異にする場合」とは事業主を異にする場合も含む（労働基準局長通達（昭23・5・14基発769））とされていることから、本業の雇用主だけでなく副業・兼業先の雇用主も、相手方での雇用関係における労働時間も踏まえて、労働時間上限規制遵守、安全配慮義務及び割増賃金支払義務の遵守を行うことが必要となります。したがって、その遵守の必要から、相手方での雇用関係における労働時間等に関する情報の取得の必要が生じることとなります。

　例えば、労働時間上限規制について、それぞれの使用者は、双方での勤務における合計時間をもって、時間外労働と休日労働の合計で単月100時間未満、複数月平均80時間以内の要件（労基36⑥二・三）を遵守するよう、1か月単位で労働時間を通算管理する必要があります。また、割増賃金支払義務についても、まず労働契約の締結の先後の順に所定労働時間を通算し、次に所定外労働の発生順に所定外労働時間を通算することによって、それぞれの事業場での所定労働時間・所定外労働時間を通算した労働時間を把握し、その労働時間について、自らの事業場の労働時間制度における法定労働時間を超える部分のうち、自ら労働させた時間について、時間外労働の割増賃金（労基37①）を支払う必要があります。

そのため、兼業・副業の場合、双方の使用者は、相手方での労働時間についての正確な情報を取得する必要が生じることになります。
　この場合に、当該従業員が、本業の雇用主の下で、兼業・副業について許可・届出を行うなどの手続をとるとともに、それぞれの就労先において、相手方における労働時間の情報を自発的に提供する場合には、本人の同意に基づく情報提供であるため、個人情報の提供に関する規制の問題は生じないといえます。しかし、そのような自発的な提供がない場合、それぞれの雇用主が、相手方における労働時間の情報を、相手方の雇用主から取得しようとすれば、それぞれにおいて、従業員の個人情報の第三者提供となるので、それぞれの情報提供について、当該従業員の同意が必要となります（個情27）。そして、これに関しては、明示的な同意を取得しておくことが望ましいといえます。
　したがって、結局のところ、当該従業員の協力を得ることができなければ、相手方における労働時間・労務管理に関する情報を取得することは困難であるといえます。そのため、使用者としては、従業員の兼業・副業を認める条件として、兼業・副業を行う場合について、事前の許可制とするとともに、その許可の条件として就労に関する正確な情報の提供の義務付け等を、就業規則などで明確に行っておくことが必要と考えられます。
（3）　安全配慮義務
　労働時間管理の問題は、労働時間の上限規制及び割増賃金支払の問題だけではなく、長時間労働による健康被害の防止のための安全配慮義務遵守の観点からも重要であり、上記の労働時間に関するデータについては、安全配慮義務遵守の為にも取得する必要があるといえます。
　ただし、上述のとおり、当該従業員の協力がない場合については、それらに関する情報を取得することには困難が伴います。したがって、この場合についても、従業員の兼業・副業を認める条件として、

事前の許可制とするとともに、その許可の条件として、兼業・副業を行う場合についての就労に関する正確な情報提供の義務付け等を、就業規則などで明確に行っておくことが必要であると考えられます。

ちなみにこの問題に関しては、兼業・副業を使用者に秘密にして行っていた場合など、使用者が勤務の実態を把握する余地がない場合には、使用者の義務違反は考え難いと考えられるとするとともに、使用者が、過労となるような長時間勤務をしないように注意・指導をしていたのに、従業員がこれに従わなかった場合について、使用者の責任を否定した事例（大阪地判令3・10・28労判1257・17）があります。したがって、使用者側としては、情報の取得にしかるべき配慮を行っていれば、必要な情報取得ができなかった場合に問題が発生しても、それに関する免責を得ることができるものと考えられます。

3 兼業・副業先が海外である場合

兼業・副業先が海外である場合も検討しておく必要があります。従来は、日本国内に居住して国内勤務する従業員が、兼業・副業として海外企業にサービスを提供することは困難でありましたが、テレワーク等の普及により、兼業・副業先を海外企業とすることも容易となっています。

この場合に、海外の兼業・副業先に対して従業員情報を提供する場合又は、海外の兼業・副業先から従業員情報を取得する場合、個人情報の第三者提供の問題だけでなく、個人情報の海外移転についても問題となります。つまり、第三者提供に対して同意を得ていても、それだけでは十分ではなく、情報の海外移転についての規制も遵守する必要があります。

この海外の第三者に対する提供に関する規制につきましては、Q23で解説しますが、兼業・副業の場合、このような問題が生じるのか否

かについても、従業員からの申告がなければ知り難い問題であり、就業規則等により、兼業・副業の内容について、従業員の申告義務を定めておく必要があります。

　また、兼業・副業先からの個人情報の取得や提供の必要がある場合に、その規制の遵守の観点から、困難な問題が生じることも予想されるところであり、そのような兼業・副業を認めるのか否かについて本業の使用者に選択権を残しておくことが合理的であると考えられます。

　この観点からは、兼業・副業について届出制ではなく許可制にすることが適当であると考えられます。

第1章　労働者の個人情報の取得及び利用　　　147

Q23 　従業員の賃金計算等を海外のアウトソーシングサービスの会社に委託したり、海外にある親会社又はグループ会社のサーバーに各社の従業員情報を保管・取得したりする場合、どのような規制がありますか。

A 　これらの問題は第三者提供の問題、サーバー所在地の問題、海外移転の問題が組み合わさった問題です。したがって、それぞれの問題について個別に検討を行い、海外の第三者に対する個人情報の提供に該当する場合には、個情法の規定に従い、従業員から然るべき同意等を得る必要があります。

〔末　啓一郎〕

解　説

1　海外の業者に対する業務委託

　従業員の賃金計算等を海外のアウトソーシングサービス会社に委託する場合については、①委託に伴い従業員情報をアウトソーシングサービス会社に提供することになるため、かかる点についての個情法における法的構成をどのように考えるかという点と、②海外のアウトソーシングサービス会社に提供することになるため、個人情報の海外移転について個情法における規制をどのようにクリアするかの二つが問題となります。

（1）　委託先への提供の問題

　個人情報を第三者に提供する場合には、法令上の根拠がある場合などの例外が認められる場合でなければ、同意（個情27①）が必要となります。

しかし、利用目的の達成に必要な範囲内において個人データの取扱いの全部又は一部を委託することに伴って当該個人データを提供する場合については、その委託者に対して情報提供することに対する本人からの同意等は不要であるとされています（個情27⑤一）。

（２） 海外移転の問題

しかしながら、設問の例では、国外の業者に業務を委託するということですので、個人情報の海外移転の問題もあります。個人情報の海外移転については、

① 現在個人情報保護委員会が我が国と同等の水準にあると認められる個人情報の保護に関する制度を有している外国として認定しているEU及び英国（同等性認定国）への移転
② 業務委託者が個人情報保護委員会規則で定める基準に適合する体制を整備していることの確認（基準適合体制）
③ 同意の取得

のいずれかを満たす必要があります。

　ア　基準適合体制事業者に該当するか

基準適合体制事業者に当たるためには、個情法施行規則16条の要件を満たす必要があります。具体的には、個人データの提供を受ける者が、個人情報の取扱いに係る国際的な枠組みに基づく認定を受けている場合でなければ、個人情報取扱事業者と個人データの提供を受ける者との間で、当該提供を受ける者における当該個人データの取扱いについて、適切かつ合理的な方法により、個情法第4章第2節の規定の趣旨に沿った措置の実施が確保されていることが必要となります。

国際的な枠組みに基づく認定としては、アジア太平洋経済協力（APEC）の越境プライバシールール（CBPR）システムの認証がありますが、これに該当しない場合、適切かつ合理的な方法による措置の確認が必要となります。この「適切かつ合理的な方法」は、個人デー

タの提供先である外国にある第三者が、我が国の個人情報取扱事業者が講ずべきこととされている措置に相当する措置を継続的に講ずることを担保することができる方法である必要があると考えられており、具体的には、提供元及び提供先間の契約、確認書、覚書等を結び、後述する個情法第4章第2節（17条～40条）の規定の趣旨に沿って、利用目的の特定（17条）、不適正な利用の禁止（19条）、取得に際しての利用目的の通知（21条）、安全管理措置（23条）、第三者提供の制限（27条）等の内容を規律する必要があります。

　イ　本人の同意

　委託先が基準適合事業者に当たらない場合には、本人の同意を得る必要があります（個情28①）。本人の同意とは、本人の個人データが、個人情報取扱事業者によって外国にある第三者に提供されることを承諾する旨の当該本人の意思表示をいい、「本人の同意を得る」とは、本人の承諾する旨の意思表示を当該個人情報取扱事業者が認識することをいい、事業の性質及び個人情報の取扱状況に応じ、本人が同意に係る判断を行うために必要と考えられる合理的かつ適切な方法によらなければならないとされています。

　個情法GL（通則編）で挙げられている具体例は以下のとおりです。
事例1）本人からの同意する旨の口頭による意思表示
事例2）本人からの同意する旨の書面（電磁的記録を含む。）の受領
事例3）本人からの同意する旨のメールの受信
事例4）本人による同意する旨の確認欄へのチェック
事例5）本人による同意する旨のホームページ上のボタンのクリック
事例6）本人による同意する旨の音声入力、タッチパネルへのタッチ、
　　　　ボタンやスイッチ等による入力

　この本人の同意について、就業規則に、従業員は個人情報の意見に同意する旨を然るべく定めておけばよいとの意見を聞くこともありま

すが、上に述べたような同意の概念からすれば、就業規則に一方的に定めをおいても、そのことをもって従業員からの同意を得たものとすることはできないと考えられます。

　また、同意の取得にあたっては、電磁的記録の提供による方法、書面の交付による方法その他の適切な方法により、
① 　当該外国の名称
② 　適切かつ合理的な方法により得られた当該外国における個人情報の保護に関する制度に関する情報
③ 　当該第三者が講ずる個人情報の保護のための措置に関する情報
を本人に通知する必要があるとされています（個情28②、個情則17①②）。

2　外国に所在する親会社やグループ会社のサーバーに従業員情報を保存する場合

（1）　海外のサーバーに個人情報を保存する場合の問題

　親会社やグループ会社の海外にあるサーバーに従業員情報を保存する場合については、そのサーバーが海外にあることが問題となりますが、それだけでは個人情報の海外移転にはならないと考えられています。これは当該サーバーを運営する当該外国にある事業者が、当該サーバーに保存された個人データを取り扱わないこととなっている場合には、外国にある第三者への提供（個情28①）に該当しないものと考えられるからです。したがって、そのサーバーに、親会社やグループ会社がアクセスすることができるものとしている場合に初めて、個人情報の海外移転の問題が出てくることになります（個情QA・Q12-3）。

　そして、海外移転の問題が生じる場合には、上に述べたとおり、親会社やグループ会社が同等性認定国以外に所在する場合については、それらの会社が個人情報保護委員会規則で定める基準に適合する体制を整備していることの確認が必要となり、それができない場合につい

では、個人情報保護委員会規則で定める情報を本人に提供した上で、本人からの同意取得が必要であるということになります。

（2）　第三者提供の問題

そして、この場合、親会社やグループ会社は別法人ですので、そのような従業員情報の利用が従業員情報の共同利用や業務委託などに該当しない場合には、個人情報の海外移転の問題だけではなく第三者提供の問題も生じます。したがって、法令上の根拠がある場合などの例外が認められる場合でなければ、海外移転についての同意等に加えて、個人情報の第三者提供に対する本人からの同意（個情27①）が必要となります。

3　親会社又はグループ会社から情報を取得する場合

最後に親会社又はグループ会社から情報を取得する場合の問題があります。これにつきましても、単に日本国内のサーバーに従業員情報を保管するだけであれば、海外移転にならないのではないかとも考えられますが、これは日本の個人情報保護法の考え方であり、情報を提供する海外においての個人情報保護に関する規制がどのようになっているのかの検討が必要となります。

例えば、EUについては日本は十分性認定が取れていますので、その意味では国内での移転と同様に日本国内での個人情報保護の規定を遵守しておけば問題がないといえることになります。これに対して米国につきましては、一般的な情報保護の法律はありませんので、それぞれの州の法律による規制を確認する必要があることになります。しかし、米国においては国内法令の域外適用を広く認める傾向がありますので、米国のプライバシー保護法などに違反する場合、日本国内においてもその違反が認められて処罰や損害賠償の対象になり得るということには注意が必要です。さらに、中国の場合、中国国内の電子デー

タの海外移転については、「データ3法」と呼ばれるサイバーセキュリティ法、データセキュリティ法及び個人情報保護法の下で、個人情報越境標準契約弁法やデータ域外移転安全評価弁法等により、種々の規制がされていますので、それらの法令の制限を遵守する必要があります。

　これらの詳細については、現地の個人情報保護法、電子データ持ち出しに関連する法令等についての専門家の意見を得る必要があります。

第 2 章

企業における情報管理と労働者

第2章　企業における情報管理と労働者　　155

第1　インシデント発生前

　DXの推進により、企業における情報管理は重要性を増していますが、実際に情報を利用し、管理する従業員の管理もまた重要なものとなっています。もっとも、従業員はそれぞれ独立した人格を持つ個人であり、労働法上の保護を受けるため、企業がとり得る手段には、一定の限界があり、また、適正な手続の履践も求められるでしょう。

　本章では、情報管理に関して従業員に対する労務管理上どのような留意事項があるのかについて、企業情報漏えい等のインシデント発生前にそれを防ぐための措置（**本章第1参照**）と、インシデント発生後にこれに対する措置（**本章第2参照**）の二つに分けて検討しています。

　まず、平時の情報管理については、総論的な問いとして一般的な情報管理の手法と従業員の関係について検討しています（Q24参照）。その上で、情報管理において法的に重要であると考えられる、労働者側の秘密保持義務（Q25参照）と企業側が情報管理を行うにあたって法的保護を受けるために必須である不正競争防止法の営業秘密（Q26参照）についても整理しています。

　次に、具体的な管理策をとるにあたって従業員との関係で考慮しておかなければならない事項について検討しています。情報管理にあたっては、情報セキュリティ関係の規程類の整備や従業員からの誓約書の取得などが検討されますが、これらの労働法上の問題点について論じています（Q27参照）。また、情報セキュリティの確保においては、入室管理における認証の問題（Q28参照）や私物の持ち込み禁止にまつわる問題（Q29参照）、従業員の個人端末を業務に使用する場合として、BYOD（Bring Your Own Device）（Q30参照）などの物理的な管理策の問題も出てきます。これについても労働法上の問題点を検討しました。さらに、情報セキュリティの確保という目的もあって導入が

増えているのが、従業者に対するモニタリングの導入です。モニタリングについては、情報セキュリティの確保と従業者のプライバシーとのバランスが問題となりますが、これについても検討しています（Q31参照）。

また、コロナによって完全に定着したテレワークですが、就業場所が企業の管理下にないことから情報セキュリティ及び労務管理について検討する必要があります（Q32参照）。

最後に、内部通報制度は、コンプライアンスの観点から要請されるものでありますが、情報の適正な管理や漏えい防止の観点からも、意味があるものと考えられます（Q33参照）。

第 2 章　企業における情報管理と労働者

企業内の情報を適切に管理するために、具体的にどのような方法をとるべきでしょうか。

情報管理を行うにあたって、従業員との関係で検討すべきなのは、①情報管理体制の構築及び責任者の任命、②情報セキュリティ規程等の情報管理規程の設定、③入社時及び退社時の誓約書の提出、④教育の実施等です。

　また、情報管理を行うにあたって、技術的な対応策をとる必要がありますが、技術的な対応策の導入にあたっても、従業員との関係で考慮をしておく必要がある事項があります。例えば、従業員に対するモニタリングの実施や情報システムを利用する場合の認証などがあります。さらに、テレワークやBYODは従業員のプライバシーと関連する点があるため、導入には一定の留意が必要です。

〔安藤　広人〕

解　説

1　情報管理の重要性と労働者
（1）　企業における情報管理
　企業が企業活動を行っていくにあたって、企業内で様々な情報を作成、取得、利用することが必要です。例えば、決算を行い、適切な納税を行うためには、適切な会計を行う必要があり、売上や経費の適切な把握が欠かせません。また、B to C企業においては、顧客情報は企業収益の源泉になり得る一方で、漏えいが起こった際には、レピュテーションリスクを含め企業に多大な負担を強いるものになるでしょ

う。さらに、多額の投資を行って、長期間にわたって開発してきた技術情報は企業の競争力の源泉となるものであり、その管理の重要性については論を待たないでしょう。

これらの情報は紙媒体で管理されることもありますが、多くはデータとしてサーバー等の中に保管されています。これらを管理するためには、技術的な管理策をとるほか、関わる労働者等の適切な管理もまた必要になります。情報漏えいというと、外部からのサイバーアタックをイメージするかもしれませんが、実際には、内部の犯行による情報の流出が多くを占めています。このように情報管理を行うにあたって、労働者を含む従業員の管理は重要であるといえます。

（2） 労働者の秘密保持義務

企業側からみた情報管理を労働者の義務として構成すると秘密保持義務ということになるでしょう。労働者は、労働契約の付随的義務として、雇用されている企業の秘密を保持すべき義務を負っていると解されています（古河鉱業足尾製作所事件＝東京高判昭55・2・18労民31・1・49）。

したがって、在職中の労働者が営業秘密を漏えいしたような場合は、労働契約上の債務不履行として損害賠償請求の対象になりますし、懲戒処分や解雇の事由ともなり得ます。

他方、退職後も在職時と同様の秘密保持義務を負うのかについては争いがあり、信義則を根拠にこれを認めた裁判例もありますが（大阪高判平6・12・26判時1553・133、東京地判平18・12・13平17（ワ）12938）、実務上は、秘密保持誓約書等の明文規定がない限り認められにくいものと考えておいた方が無難です。

また、退職時に秘密保持誓約書を取り交わした場合でも、労働者の職業選択の自由や営業の自由との兼ね合いから、秘密の性質・範囲、価値、労働者の退職前の地位等に照らし、合理性が認められない場合

には公序良俗違反（民90）として無効とされるおそれもあります（ダイオーズサービシーズ事件＝東京地判平14・8・30労判838・32）し、秘密の範囲が漠然としている場合には、保護したいと意図していた秘密が守秘義務対象から除外されてしまうおそれもあります（東京地判平20・11・26判タ1293・285）ので、守秘義務の内容については注意が必要です。秘密保持義務の詳細については、Q25を参照してください。

（3） 労働者の管理とその限界

このように労働者は企業に対して秘密保持義務を負っていますが、秘密保持義務だけで企業の情報管理が実現できるわけではありません。先述した情報管理における労働者管理の重要性からも、企業は実際に情報管理のための技術的、物理的な施策を行う必要があります。

労働者管理の具体的な施策には様々なものがありますが、近時では、情報通信技術の発達により、企業は労働者の勤務状況等をカメラやパソコンの操作履歴などを通じて自動的に取得したり、労働者に支給したスマートフォンの位置情報から社外においても所在地を把握したりすることができるようになっています（Q18参照）。

勤務時間中、労働者は企業からの指揮命令に従う必要がありますが、労働者のプライバシーが完全になくなるわけではなく、一定程度保護されると考えられます。また、労働者のプライバシーに対する権利意識の高まりや、個人情報保護法制の施行により、従業員の管理の場面においても、一定程度企業側で配慮をすることが必要になっています。企業側が情報管理を行うにあたって、労働者との関係でどのようなことができるかについては、これまで判例によって認められてきた企業秩序定立権や施設管理権についての考え方が参考にできるでしょう。

企業秩序定立権については、最高裁判所は、「企業秩序を維持確保するため、これに必要な諸事項を規則をもって一般的に定め、あるいは具体的に労働者に指示、命令することができ、また、企業秩序に違反

する行為があった場合には、その違反行為の内容、態様、程度等を明らかにして、乱された企業秩序の回復に必要な業務上の指示、命令を発し、又は違反者に対し制裁として懲戒処分を行うため、事実関係の調査をすることができる」とし、①規則の制定、②業務命令、③事実関係の調査をなし得るとしています（富士重工業事件＝最判昭52・12・13判時873・12）。

この企業秩序定立権が、労働者との関係で認められる根拠としては、労働契約であると考えられますが、問題は情報管理を行うための様々な施策について、どこまでが許容されるのか、また、導入のためにどのような手続を行うかという点にあります。

2　具体的な情報管理の手法

（1）　組織体制の整備

組織全体で情報保護に取り組むためには、組織体制の整備が必要です。

これには、会社全体の情報保護責任者を指名し、情報保護に関する役割と責任を明確に定義するとともに情報セキュリティに関する専門部署を設置することで、情報保護に関する方針や戦略を明確にすることが考えられます。これに加えて、重要情報を取り扱う部署やプロジェクトごとに責任者を設定し、情報の取扱いや保管に関する指針を明確にすることが考えられます。

（2）　規程の整備、誓約書の取得

次に情報セキュリティに関する規程やガイドラインを整備し、従業員に周知徹底することが考えられます。併せて、営業秘密管理規程や個人情報取扱規程についても整備しておくとよいでしょう。例えば、営業秘密管理規程では、営業秘密の定義や管理体制、責任者の権限と責任、従業員の役割・責任、違反した場合の懲戒処分などを規定する

ことによって、営業秘密の管理やその違反の際の対応を明確にすることができます。

　また、誓約書についても取得を検討するべきでしょう。例えば、新入社員の入社時や外部の協力会社、委託業者などとの契約時に、情報の取扱いに関する誓約書を取得することで、違反があった場合の責任を明確化することができますし、警告的効果がありますので、情報の流出を予防することが期待できます（Q25参照）。

（3）　教育の実施

　以上の規程の整備に加えて、従業員が情報保護の重要性を理解し、適切な行動をとるようにするためには、定期的な教育やトレーニングが必要です。また、教育を実施することにより、従業員に会社が適切に情報を管理していることを認識してもらうことができます（警告的効果）。具体的な内容としては、社内の情報保護の取組や方針、規程の内容を再確認させる機会を設け、さらに実際の事例を用いて、情報の漏えいや不正アクセスのリスクとその影響を理解してもらうことが重要です。

（4）　認　証

　情報システムや重要な企業データにアクセスできる人物を限定し、それ以外の者がアクセスすることを防ぐ認証システムを導入することも必要です。

　アクセスログの取得・分析などを行うことで、情報漏えいのリスクを軽減することができます。認証にあたっては、ID、パスワードを利用することが多いですが、適切なパスワードの強度を確保し、定期的な変更を義務付ける等、その強度を維持・改良することも重要です。また、認証にあたっては、個人情報を利用することも多く、導入に留意する必要があります（Q28参照）。

（5） モニタリングの実施

これらの対策にもかかわらず、情報を持ち出そうとする行為を完全に根絶させることはできません。そこで、情報の持ち出し行為や外部からの侵入があることを前提に、不正アクセスや情報漏えいの兆候を早期に検出するための適切なモニタリングの実施が必要になります。これには、ネットワークトラフィックの監視や異常行動検出システムの使用などが含まれます。また、ログの取得と保存を行い、必要に応じてその内容を分析することで、内部からの情報漏えいのリスクを低減することができます（Q31参照）。

これらの対策を総合的に実施することで、営業秘密や重要情報を守ることが期待できます。最も重要なのは、経営層から現場までの全員が情報保護の意識を共有し、日常的にその取組を行うことです。

Q25 労働者が当然に負う秘密保持義務の内容はどのようなものでしょうか。それでカバーされていない範囲まで秘密保持義務を負わせるためには、どのような方法をとるべきでしょうか。

A 労働者の秘密保持義務は、労働契約存続中と労働契約終了後（退職後）で異なります。労働契約存続中は当然に秘密保持義務を負いますが、労働契約終了後（退職後）にも秘密保持義務を負わせるには就業規則や誓約書等にその旨の定めがあることが必要と解されます。

実務的には、不正競争防止法の営業秘密の保護と併せて情報管理を行うことを検討し、就業規則に加えて、秘密情報管理規程を設け、さらに、入社時及び退社時に誓約書を提出させることが有益です。

〔中山 達夫・内田 靖人〕

解　説

1　労働者の秘密保持義務

企業の情報管理において、労働者が一般的に負っていると解されている秘密保持義務は、秘密保持義務によって保護される範囲が広いことから、大きな役割を果たしています（情報管理全体についてはQ24を、不正競争防止法の営業秘密についてはQ26を参照）。

秘密保持義務は、①労働契約存続中と②労働契約終了後（退職後）では、その根拠、内容が異なります。

（1）　労働契約存続中の秘密保持義務

労働者は、労働契約存続中、労働契約に付随する義務として、使用

者の営業上の秘密を保持すべき義務を負っています（古河鉱業足尾製作所事件＝東京高判昭55・2・18労民31・1・49）。もっとも、労働契約存続中の秘密保持義務は特段の定めの有無にかかわらず認められますが、その内容が明確ではないこともあり、実務上は、就業規則や誓約書等に秘密保持義務の定めがあり、当該規定によってより具体的な規律となっているのが通常です。

また、秘密保持義務については、勤務時間中はもちろんのこと、勤務時間外についても及びます。

（2）　労働契約終了後（退職後）の秘密保持義務

労働契約終了後（退職後）についても、就業規則や誓約書等によって秘密保持が定められている場合には、必要性や合理性の観点から公序良俗違反（民90）とされない限り、労働者は秘密保持義務を負います。

一方、就業規則や誓約書等の定めがない場合になお秘密保持義務を負うかは争いがあり、労働契約に付随するものである以上労働契約終了後（退職後）は秘密保持義務が消滅するという見解と信義則上の義務として存続し得るという見解（大阪高判平6・12・26判時1553・133、東京地判平18・12・13平17（ワ）12938等）が対立しています。このように、特段の定めがない場合に見解の対立があることを踏まえると、実務上は、就業規則や誓約書等によって労働契約終了後（退職後）の秘密保持義務を定めることが重要と考えられます。

しかし、退職時に秘密保持誓約書を取り交わした場合でも、労働者の職業選択の自由や営業の自由との兼ね合いから、秘密の性質・範囲、価値、労働者の退職前の地位に照らし、合理性が認められない場合には公序良俗違反（民90）として無効とされるおそれもあります（ダイオーズサービシーズ事件＝東京地判平14・8・30労判838・32）し、秘密の範囲が漠然としている場合には、保護したいと意図していた秘密が守秘義務対象から除外されてしまうおそれもあります（東京地判平20・11・26判タ1293・285）ので、守秘義務の内容については注意が必要です。

2 実務的な対応

1の観点を踏まえると、特に労働契約終了後（退職後）については、就業規則や誓約書等によって労働契約終了後（退職後）の秘密保持義務を定めることが重要です。また労働契約存続中についても、当然に秘密保持義務を負うものの、就業規則や誓約書等にその旨の定めを設けることにより、その内容をより具体的かつ明確にできます。

実務的には、就業規則（後掲**参考書式1参照**）に加えて、秘密情報管理規程（**参考書式2参照**）を設け、さらに、入社時誓約書（**参考書式3参照**）及び退職時誓約書（**参考書式4参照**）を提出させるのがよいでしょう（実際に秘密保持義務違反があった場合の対応についてはQ35を参照）。

誓約書による秘密保持義務については、その内容や取得時期等について検討すべき点があります。

（1） 誓約書の内容

誓約書の内容として、秘密保持義務の対象となる秘密の特定が重要です。単に「当社の保持する営業秘密」とするだけでは、後日、紛争化した時に営業秘密への該当性が争いになり得ますし、前記のとおり、過度に広範な義務を課すと公序良俗違反の疑義も生じますので、「○○事業の顧客情報」、「○○の製造工程」など、より具体的に記載することが肝要です。この点につきましては、秘密保持の合意において「機密事項」ないし「機密情報」の定義や例示がないことを理由に、商品の仕入先情報は秘密保持義務の対象とならないとした裁判例があります（東京地判平20・11・26判タ1293・285）。

誓約書に、損害賠償条項の他、退職金の不支給などの条項を入れることも検討できます。ただし、秘密保持誓約書における損害賠償額の予定は、労基法16条の規定に抵触して無効とされる可能性が高い点に留意が必要です。

（2） 誓約書の取得時期

また、誓約書を提出させるタイミングには注意が必要です。労働契約終了後（退職後）も含めて秘密保持義務を遵守させるには、入社時及び退社時に秘密保持を定めた誓約書を提出してもらうことが重要ですが、退職の際は、使用者と労働者が対立しているケースもあるため、誓約書の提出を拒否されることも多いです。一方で、入社時は採用されてこれから勤務を開始するという段階なので、通常は誓約書の提出を拒否されることはありません。このため、入社時の誓約書は必ず提出させるようにした方がよいです。さらに、これに加えて、必要に応じてプロジェクト参加時や管理職登用時に誓約書を提出させることも有益でしょう。

（3） 競業避止義務による秘密情報の保護

秘密保持義務違反の有無は、外形上分からないことが多く、退職者が秘密保持義務に違反したことを会社側で立証することが困難であることに鑑み、実質的に秘密保持を目的として、退職者に対して同業他社への転職を禁じる競業避止条項を誓約書に入れることがあります。転職の有無は外形上分かりやすく、立証も容易なので、このような方法も検討できます。ただし、競業避止条項については、秘密保持条項と異なり、職業選択の自由を直接的に制限するものであるため、公序良俗に反し無効とされるおそれが高いことを考慮し、実際にこの条項を入れる場合には、①競業を禁止する期間、②代替措置の有無、内容、③競業を禁じられる労働者の会社での地位等を考慮し、競業の禁止を合理的に必要とされる期間・範囲に限定した内容とすることが必要です。

Q26
企業内の情報を不正競争防止法上の営業秘密として保護するためには、労働者をどのように管理する必要がありますか。そのためにどのような規程を整備することが必要でしょうか。

A
企業内の情報を不正競争防止法上の営業秘密として保護するためには、①秘密管理性、②有用性、③非公知性の3つの要件を満たすことが必要です。

労務管理をするにあたっては、就業規則に秘密保持義務に関する規定を設けた上で、入社時及び退職時に秘密保持誓約書への署名・捺印を求めること、営業秘密へのアクセス制限を実施することが検討されます。

逆に、他社の営業秘密の持込みを防止するためには、転職者から他社の営業秘密を持ち込んでいないことを確認する旨の誓約書を取得することが必要です。

〔内田 靖人〕

解 説

1 不正競争防止法の「営業秘密」の保護

企業内部で扱う情報は、企業活動において不可避的に発生するものであり、利益の源泉ともなるものですが、今日では、情報技術の進歩により大量のデータを持ち出すことが容易になっているため、企業内部の情報の保護はますます重要な課題となっています。

情報管理において法的に重要であるのが、不正競争防止法の営業秘密の保護です（情報管理全体についてはQ24を、労働者の秘密保持義務についてはQ25を参照）。

2 不正競争防止法における保護要件

（1） 営業秘密の要件

不正競争防止法において、営業秘密は「秘密として管理されている生産方法、販売方法その他の事業活動に有用な技術上又は営業上の情報であって、公然と知られていないものをいう」と定義されており（不競2⑥）、①秘密管理性、②有用性、③非公知性の3つの要件を満たす場合は保護の対象となります。

営業秘密に対しては、不正競争防止法上、不正取得行為や、不正取得行為が介在したことを知った上での情報の使用や開示等が「不正競争」とされ、差止請求や損害賠償請求が認められることになります。また、一定の侵害行為については、営業秘密侵害罪として罰則が設けられています（不競21①～⑤）。

（2） 秘密管理性

不正競争防止法上の営業秘密に該当するか否かの判断にあたって、実務上最も問題となるのが、前記（1）の①秘密管理性です。

この点、裁判例においては、①秘密管理性の要件を満たすためには、㋐当該情報にアクセスした者に当該情報が営業秘密であることを認識できるようにしていること（認識可能性）、㋑当該情報にアクセスできる者が制限されていること（アクセス制限）が必要とされています（東京地判平12・9・28判時1764・104等）。もっとも、アクセス制限については、緩やかに解されており、全く秘密管理措置がなされていないような場合でなければ、十分なアクセス制限がないことを根拠に秘密管理性が否定されることはないとの解釈も示されています（経済産業省「営業秘密管理指針」（平成15年1月30日）（平成31年1月23日最終改訂））。

なお、具体的な管理方法については、この営業秘密管理指針や、経済産業省「秘密情報の保護ハンドブック～企業価値向上に向けて～」（令和6年2月最終改訂）において詳細に記述されています。

3　秘密管理性を念頭に置いた労務管理

以上の規律を踏まえて、秘密管理性を満たす形で情報を保護するため、労務管理においてどのような対策を講じる必要があるでしょうか。

（1）　秘密保持誓約書

前述のように不正競争防止法上の秘密管理性の要件を満たすためには、当該情報が営業秘密であることを労働者が認識できることが必要となります。そこで、個別に秘密保持誓約書を取り付け、対象となる情報を明らかにしておくことが検討されます（誓約書についてはQ25参照）。

（2）　就業規則・営業秘密管理規程

就業規則に秘密管理についての条項を設け、また、就業規則とは別に営業秘密に関する規程を設け、営業秘密の指定方法、管理方法、取扱方法等について規定することにより、労働者に営業秘密の取扱い方法の遵守を求めるとともに、違反があった場合に、懲戒ができるようにしておくことも必要です（規程についてはQ27参照）。

（3）　アクセス制限等

アクセス制限については、①秘密情報に該当するデータにアクセスすることが可能なメンバーを限定する、②データが格納されたフォルダやファイルにパスワードをかける、③データの社外への持ち出しや関係者以外への送信・開示を許可制とする、④記録媒体は使用者が認めたものに限定する、⑤フォルダやファイルに対するアクセスログを保管する等の対策を講じる必要があるでしょう。

IDやパスワードが全て同じというような場合には、アクセス制限がされていないとされる可能性もありますので留意が必要です。

（4）　教育・研修等

さらに、従業員に対して定期的に教育・研修を行うなどして、営業秘密の重要性と管理体制、法律や社内規程の内容を周知することが重

要です。また、故意に漏えいしたような場合には民事上の損害賠償請求の対象となることに加え、不正競争防止法上の営業秘密侵害罪に問われる可能性があることも十分認識させる必要があります。

4 転職者の受入先における対策

　以上は、情報保持主体から見た対策ですが、転職者を受け入れる側においても、営業秘密の管理は決して他人事ではありません。中途採用が珍しくない今日において、転職者が前職の勤務先から営業秘密を不正に取得して転職先にこれを持ち込む可能性があります。転職先が、不正取得行為が介在したことを知りつつ営業秘密を取得したり、取得後に不正取得行為を知った場合、さらにはこれらについて重過失がある場合は、営業秘密の取得、使用、開示について、転職先も不正競争防止法違反の責を負う可能性があります（不競2①五・六）。

　また、転職者を通じて得た他社の営業秘密が自社の秘密情報に混入すると、自社の秘密情報と他社の営業秘密とをそれぞれ特定することができなくなり（いわゆるコンタミネーション）、最終的に全体として利用をすることができなくなるおそれがあります。

　このような他社の秘密情報の流入を防止するとともに、不正競争防止法違反の責を負わないようにするためには、①転職先においても、転職者と雇用契約を締結する際に、前職の勤務先における営業秘密の不正取得がないことや、営業秘密を持ち込んでいないことを確認する旨の誓約書を取得することが必要となります。また、②実際に問題が生じた際に、従前から自社が保有していた関連情報を特定し、それらが存在していた日時を確定するために、公証制度の活用、特許出願、ラボノートへの記載に加え、電子文書に日時情報を付す「タイムスタンプ」の活用等も考えられます。

第2章　企業における情報管理と労働者　　　　171

　内部不正を防止し、会社の情報を安全に管理するため、労働者との関係で、どのような規程を設ければよいでしょうか。

A　会社が保有している情報を安全に管理するため、労働者との関係で、適切な規程を整備する必要があります。

　情報に関する規程には、情報の内容に着目した個人情報取扱規程や営業秘密管理規程、情報セキュリティの管理策に着目した情報システム利用規程、アクセス管理規程、また、労働者の働き方等に着目したテレワーク運用規程、SNS利用規程などがあります。

　規程に違反した場合には懲戒処分ができる形にしておく必要がありますので、就業規則や各規程の定め方については十分に検討する必要があります。

〔永田　充〕

解　説

1　情報管理と規程

　企業が保有する技術情報、顧客情報等を、労働者が不正に持ち出すケースは後を絶ちません。このように持ち出された情報は、ライバル企業が利用するおそれがあります。また、労働者が適切な手続をとらずに個人情報を扱ったために、漏えいが起こったような場合には、大きく報道されレピュテーションリスクも負うことになります。

　そこで、このような内部不正を防ぐための様々な方策が検討されますが、その方法として、情報に関する規程を整備して労働者に順守させることや、労働者に誓約書を提出してもらうことが検討されます（誓

約書については、Q25参照）。

2　情報管理に関する規程

　企業は規程を整備し、労働者に順守を求めることができますが（企業秩序定立権、国鉄札幌運転区事件＝最判昭54・10・30判時944・3）、情報に関する規程もこれを根拠に制定することができます。

　情報管理に関する規程には様々なものがありますが、労働者に直接関係する規程としては、管理する情報の内容に着目した個人情報管理規程や営業秘密管理規程（Q26参照）、情報管理の手法に関する情報システム利用規程やアクセス管理規程、労働者の働き方等に着目したテレワーク運用規程（Q32参照）、SNS利用規程（Q38参照）などがあります。

3　情報セキュリティの確保と就業規則

　情報に関する規程は、情報管理の必要性や他の法規の規制をクリアするために制定されるものですが、このような規程と就業規則との関係をどのように考えるかが問題となります。

（1）　就業規則の規定と情報セキュリティ

　就業規則は、①その内容が合理的なものであり、②労働者に周知されていた場合には、その就業規則で定める労働条件が労働契約の内容となります（労契7）。

　また、労働者が規程に違反した場合には、企業秩序を維持するために、労働者の行為の悪質性によって、注意や懲戒処分をすることとなります。しかし、懲戒処分を行うにあたっては、「あらかじめ就業規則において懲戒の種別及び事由を定めておくことを要する」（フジ興産事件＝最判平15・10・10判時1840・144）とされています。

　そこで、就業規則において、労働者が企業の情報を漏えいさせた場

合など規程に違反した場合に懲戒処分とする旨、及びその場合の懲戒処分の内容を定めておく必要があります。

一方で、就業規則の内容を変更する場合、労働組合や労働者代表者の意見聴取を行う必要があるほか(労基90①)、就業規則の変更が、労働者にとって不利益なものであるときには、労働者との合意(労契9)か、又は、「就業規則の変更が、労働者の受ける不利益の程度、労働条件の変更の必要性、変更後の就業規則の内容の相当性、労働組合等との交渉の状況その他の就業規則の変更に係る事情に照らして合理的なものである」(労契10) ことが必要となります。この点、情報の取扱いについて就業規則に細かな規定を置くと、情報技術の進歩が速く、その変更を頻繁に行う必要が生じることから、その変更手続が企業にとって負担となる可能性があります。

そこで、就業規則の規定は、労働者側の予測可能性の見地と使用者側の変更の負担とのバランスをとった適切な粒度に定められるべきでしょう（後掲参考書式1参照）。

（2） 情報関連の規程と就業規則

情報管理を行うにあたっては、具体的な情報の取扱いの手続を定めることが必要となりますが、これらの規程について、就業規則とするかどうか検討する必要があります。

常時10人以上の労働者を雇用する使用者は、一定の事項について、就業規則を制定し、労働基準監督署に届け出なければなりませんが、労基法は就業規則に定めるべき事項を法律で決めており（必要的記載事項）、必要的記載事項については就業規則の内容とする必要があります（労基89各号）。

したがって、情報に関する規程類についても、必要的記載事項に該当する場合には、就業規則としての手続を履践して、作成することが必要となります。情報に関する規程類については、必要的記載事項に

ついて定めたものは多くはありませんが、例えば、テレワークは、勤務時間が特殊なものとなり、また、勤務場所が自宅となるため、通常の就業規則では対応できず、別途運用規程を定め、就業規則とすることが必要であると考えられます（テレワークについてはＱ32参照）。

　一方で、実務上、社内規則や内規という形で企業内では様々な規則や規程が作られますが、就業規則としない規程類についても、労働者側に順守を求めるためには、その内容が合理的なものであり、また、労働者への周知が必要となることは、就業規則と異なるものではありません。もっとも、これらの社内規則に違反したからといって、直ちに懲戒することができるということにはなりません。しかし、使用者が社内規則を定めて、労働者に対して、社内規則に記載された内容を守って、情報を適切に管理するように求めていたにもかかわらず、労働者が社内規則に違反した場合には、就業規則に社内規則の順守義務が規定されていれば、その規定を通じて、懲戒等の手続を行うことができると考えられます。

　社内規則には、当該社内規則を定める目的、当該社内規則の適用対象（パート、アルバイトを含め、全労働者を適用対象とする旨）、使用者の情報を適切に管理するために労働者が注意すべき事項、社内規則に違反した場合には就業規則の定めに応じて懲戒する可能性があることなどを記載しておきましょう。

Q28 社内システムへのアクセスや建物への入館において、従業員による認証制度の導入を検討していますが、どのような点に注意する必要がありますか。例えば、顔認証など生体認証を利用する場合はどうでしょうか。

A 情報セキュリティを確保するにあたって、社内システムや入退館に認証制度を導入することは重要です。ただし、実際の実施にあたっては、個情法に基づく利用目的規制等に加え、従業員の肖像権やプライバシーを侵害しないよう注意してください。特に顔認証を含む生体認証は、高度なプライバシーを含む情報ですので慎重な配慮が必要です。

〔山本 佑〕

解 説

1 情報セキュリティにおける認証の重要性

個人情報を含む情報の安全管理を徹底し、漏えいを防止するためには、組織体制の整備や、物理的安全管理体制の整備など、様々な面から情報セキュリティを検討する必要があります。その一環として、情報システムやサーバールームなど一定の場所について、適切な者だけが利用できるようにしておくことが重要です。そして、そのようなシステムを導入するためには、適切な者がアクセスしてきたことを確認する認証の仕組みが必要になります。

2 認証方法と個人情報

認証には、例えばIDやパスワードのようにあらかじめ付与した情報

を用いる方法（知識情報による認証）、ICカードのようにアクセス権限を示す物理的なデバイスを用いる方法（所持情報による認証）、労働者自身の身体に固有の生体情報を用いる方法（生体情報による認証）があり、認証の強度に応じて、複数の同一の種類の認証を利用したり（二段階認証）、複数の種類の認証を利用したりします（二要素認証）。

認証では様々な情報が利用されますが、生体情報については、DNA、顔貌、虹彩、声紋、歩行の態様、手・指の静脈の形状、指紋・掌紋といった特徴情報について、ソフトウェア等を用いて本人を認証できるようにしたもの（これらの情報を組み合わせたものを含みます。）は、個人識別符号に該当します（個情2①二、個情令1一イ〜ト、個情GL（通則編）2-2イ〜チ）。また、そもそも労働者の入退館やシステムの認証に用いられる情報は、社内で特定の労働者に紐付けられていることがほとんどでしょうから、基本的には個人データであると考え、個情法による対応を検討しておくべきでしょう。

最近では、社内システムへのアクセスや建物への入館における主体の認証に顔認証を用いる場合もありますので、顔認証を例に注意点を以下で案内します。

3　顔認証の導入

「顔認証」の実施には、具体的には、あらかじめ労働者から取得した顔貌のデータ（顔データ）に関するデータベースと、カメラにより撮影された顔画像から抽出された顔データを照合し、被撮影者がデータベースに登録された者と同一人物であることを認証する方法が想定されます。そこで、以下、顔データをデータベースに入力する場面と、実際にカメラを運用する場面に分けて検討します。

（1）　労働者の顔データの入力

顔認証に用いる顔データは個人識別符号として個人情報に該当する

とともに、データベース化に伴い個人データに該当するものと考えられます。したがって、顔データを顔認証に用いるには、労働者から顔データを適正に取得し（個情20①）、その利用目的を特定して（個情17）、利用に先立って労働者側に明示又は通知・公表することが必要です（個情21）（利用目的の特定、通知公表についてはＱ13参照）。

また、顔認証に用いる顔データのデータベースを作成するにあたり、顔認証目的を通知又は公表する前に労働者から取得していた顔写真（履歴書の写真等）を用いる場合には、あらかじめ特定された利用目的の達成に必要な範囲を超える利用として本人の同意を取得する必要がありますので（個情18①）、注意が必要です。

（２）　認証カメラの設置

認証するためのカメラを設置し、入館しようとする者の容貌を撮影することについてはどのような問題があるでしょうか。

まず、利用目的の特定については、どのような取扱いが行われているかを本人が利用目的から合理的に予測・想定できる程度に利用目的を特定しなければなりません。そこで、防犯目的であることに加えて、顔識別機能を用いていることを明らかにして、利用目的を特定しなければなりません。

次に、利用目的の通知・公表については、防犯カメラにより取得した情報は、防犯目的のみに利用するのであれば「取得の状況からみて利用目的が明らか」（個情21④四）として、利用目的の通知又は公表は不要とされています（個情QA・Ｑ１-13参照）。では、認証を目的とする場合はどうでしょうか。この点、個人情報保護委員会は、防犯カメラに顔認証機能がついている場合には、「設置されたカメラの外観等から犯罪防止目的で顔識別機能が用いられていることを認識することが困難であるため」、「取得の状況からみて利用目的が明らか」とは言い難いとしています（個情QA・Ｑ１-14参照）。しかし、入館管理のために設

置されたカメラであっても、設置場所がドア付近にあって、施錠機能と連動していることが明らかであるような場合には、必ずしも利用目的が不明とはいえず、設置状況によっては利用目的が明らかといえる場合も考えられるでしょう。

4 肖像権等の問題

顔認証の導入にあたっては、以上のような個情法上の規制に加え、被撮影者の肖像権やプライバシーを侵害することのないよう十分留意する必要があります。

参考になる資料として、個人情報保護委員会が令和5年3月に公開した「犯罪予防や安全確保のためのカメラ画像利用に関する有識者検討会報告書」があります。当該報告書では、肖像権・プライバシーに関する裁判例を整理し、カメラによる撮影が不法行為となるか否かの考慮要素として、①被撮影者の社会的地位、撮影された被撮影者の活動内容、②撮影の場所、撮影の範囲、③撮影の目的、④撮影の態様、⑤撮影の必要性、⑥撮影された画像の管理方法が示されています。

入退館の認証の目的のためにドア付近に認証用のカメラを設置するだけでは、上記の考慮要素を踏まえても直ちに肖像権等の問題は生じないものと考えられますが、カメラが訪問者に認識できないような態様で設置されていたり、また、取得した訪問者のデータを認証以外の目的に利用したりするような場合には、民法上は不法行為に、また、個情法上も適正取得違反（個情20①）や不適正利用（個情19）に該当するおそれがあるといえます。

Q29 社内の特定区域において、セキュリティを理由に私物の持込みを禁止することはできますか。また、会社貸与の電子機器等を社外に持ち出すこと等は禁止できますか。

A 会社は、施設管理権や労働契約上の指揮命令権に基づき、社内の特定区域への私物の持込みを禁止することができます。また、会社貸与の電子機器等は、会社の財産である以上、その持ち出し等を制限できます。このような制限は物理的安全管理措置ともいわれます。なお、実施にあたっては、就業規則や社内規程、誓約書、雇用契約書等にこうした制限を課すことをあらかじめ定めておくべきです。

〔櫻井　駿〕

解　説

1　物理的安全管理措置の意義

　社内の情報が、容易に外部に持ち出せたり、その複製が簡単にできたりしてしまうと、それだけ情報も漏えいしやすくなり、会社にとって大きなリスクになり得ます。特に、重要な情報の漏えいが起きた場合、損害賠償請求や行政処分を受けるおそれもあります。情報漏えいの原因がずさんな管理体制にあったとされれば、会社の信用に与える影響も計り知れません。

　そのため、少なくとも、企業秘密、取引先の情報や個人情報等の重要な情報については、容易に外部への持ち出し等ができないようにする必要があり、その対策の一環として、いわゆる物理的安全管理措置

をとることが挙げられます。具体的には、社内の特定区域への私物の持込禁止や、会社資産の持出制限等が考えられます。こうした措置をとることで、不正競争防止法における秘密管理性が認められる可能性も高まります（ちなみに、不正競争防止法の保護を受けるために必要な最低限の水準の対策が示されている「営業秘密管理指針」（平成15年1月30日（平成31年1月23日最終改訂）経済産業省）においても、秘密管理措置の具体例として、USB等の利用制限や記録媒体の持帰りの禁止等が紹介されています。）。

　また、自社で管理する情報の性質によっては、一定の水準の物理的安全管理措置をとることが義務付けられる場合もあります。例えば、個人情報をデータベース化して管理しているような会社であれば、個情法に基づいた物理的安全管理措置を講じることが求められています（具体例としては、個情GL（通則編）「10（別添）講ずべき安全管理措置の内容」10-5参照。）。

　実務上、どこまでの物理的安全管理措置を講じるかは、自社の事業内容・規模、取り扱う情報の性質・量、予算等を踏まえ、個別具体的に判断していくことになります。新たな物理的安全管理措置を講じるにあたっては、現状の事業活動にできる限り支障を生じさせないためにも、組織横断的に検討していくことが重要です。

2　具体的な制限方法

（1）　持込品の制限等

　情報漏えいの典型例の一つとして、従業員や派遣労働者、委託先のような関係者によるUSBメモリ等を利用した情報の持ち出しに起因するケースが挙げられます。

　また、社内に持ち込んだ私物のPCやスマートフォン等がコンピュー

タウイルスに感染していた場合に、当該スマートフォン等を社内のWi-Fiや会社の端末等に接続させることで情報漏えいが生じることもあり得ます。そのため、私物のUSBメモリ、PCやスマートフォン等の電子機器の持込みを制限することは、物理的安全管理措置の代表的な手段の一つといえます（京都地判令3・1・19判タ1488・197のように、スマートフォンの持込を適切に禁止するべき注意義務違反等があったとして個人情報の漏えいに関する損害賠償請求を認めた裁判例もあります。）。なお、私物のPCやスマートフォン等について、会社業務に利用することを認める場合の留意点や管理方法等は、Q30を参照してください。

持込制限の具体例としては、社内的に禁止や制限される行為であることを明示するほかに、次のような方法が考えられます（なお、経済産業省が公表している「秘密情報の保護・活用事例集」（平成29年12月）や「秘密情報の保護ハンドブック　〜企業価値向上に向けて〜」（平成28年2月（令和6年2月最終改訂））、独立行政法人情報処理推進機構が公表している「組織における内部不正防止ガイドライン第5版」（2022年4月）等も参考になります。）。

＜持込制限の具体例＞
・執務スペースに入室する前には、スマートフォン等の電子機器や鞄をロッカー等に入れさせたり、透明なバックに入れさせたりして入室させる。
・特に重要な情報の取扱いがあるエリアへ入退室する場合に金属探知機のゲートをくぐらせる。
・ポケットのない作業着を着用させる。

また、会社管理のあらゆるスペースにおいて、私物の持込みを一律に禁止することは現実的ではないため、いわゆるゾーニングを行い、取り扱う情報の重要性に応じて持込みを禁止するエリアを設けることが一般的です。例えば、次の図のような入退室を管理するエリアに限って、私物の持込制限を実施することも考えられます。

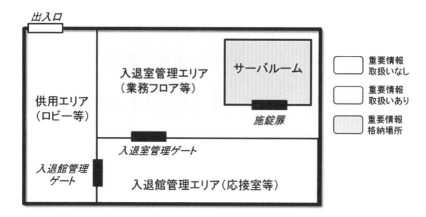

（独立行政法人情報処理推進機構「組織における内部不正防止ガイドライン第5版」（2022年4月）より引用）

（2） 会社資産の持出制限

従業員等の情報の持ち出しに起因する情報漏えいを防止する観点からすると、私物の持込制限だけでなく、重要な情報が記録されている書類や電子機器の持ち出しを困難にする措置も重要です。

このような持出制限の具体例としては、持込制限と同様に、社内的に禁止や制限される行為であることを明示するほか、次のような方法が考えられます。これについては前述の「秘密情報の保護・活用事例集」等も参考になります。

＜持出制限の具体例＞
・セキュリティワイヤーによってPC等を固定化する。
・会社備品には管理シールを貼り、会社資産であることを外形的にも明らかにする。
・業務用のPC等について、接続を許可したUSBやスマートフォン以外は接続できないように設定する。
・複合機に認証機能を設け、プリントアウトできる部数等を制限する。
・重要な情報が記録された書類やノートPC等は、施錠したキャビネット等で保管する。

> ・特に重要な情報の取扱いがあるエリアから退室する場合には、金属探知機のゲートをくぐらせたり、記録媒体にセキュリティタグをつけたりして、持ち出しをチェックする。

　また、業務上の必要性から、重要な情報が記録された電子機器等を持ち出さなければならないような場合には、施錠可能な搬送容器を利用したり、保存されたデータの暗号化や認証機能等を用いた技術的な保護を講じたりすることも、情報漏えいの防止に役立ちます。さらに、個人データについては、高度な暗号化等がされていれば、漏えいのおそれがあったとしても、個人情報保護委員会や本人への報告が不要となる可能性もあります（個情則7）。

（3）　その他の制限方法等

　前述の持込制限や持出制限のほかにも、防犯カメラの設置や入退室の記録のように、不正行為が事後的に検知されやすい環境を作り出すことも、情報漏えいの抑止力になります。不要となった記録媒体や情報については、適切に廃棄・消去することも重要です。

3　制限にあたって必要な手続

　前提として、会社の従業員であれば、労働契約に基づいて企業秩序を遵守する義務等を負っており、会社にも、労働契約に基づく指揮命令権があります。また、会社は、社内の管理支配権を有しているため、就業場所の秩序維持等のために、社内への私物の持込等に関して、従業員以外の者に対しても一定の制限を課すことができます。会社の備品についても、会社の所有物である以上、その持ち出し等を自由に制限することは、基本的に問題ないといえます。

　そのため、法律上は、必ずしも、契約や就業規則等で具体的な制限の内容を取り決めていなくとも、会社の秩序維持等に必要な範囲で、物理的安全管理措置を講じることができると考えられます。

　もっとも、具体的な制限の内容・程度によっては、プライバシーや

人格権との関係から、一定の手続等が必要な場合もあります。例えば、従業員への所持品検査に関しては、①所持品検査を必要とする合理的な理由に基づくこと、②一般的に妥当な方法と程度で行われること、③制度として労働者に対し画一的に実施されること、④就業規則その他明示の根拠に基づいて行われる必要があることとされています（最判昭43・8・2判時528・82）。このような基準は、物品の持込制限の適法性の判断基準にもなるとする見解もあり、あらかじめ就業規則等に制限内容を定めておくことで、余計なトラブルを生じさせにくくなると考えられます。実際に就業規則等に規定するにあたっては、懲戒事由の該当性に疑義を生じさせないためにも、できる限り具体的に定めた上で、制限内容を周知徹底しておく必要があります。この場合の周知方法の一例としては、定期的な社内研修の実施や業務用のPC起動時に画面に表示させる方法等が考えられます。

　ちなみに物品の持ち出しについて、明示的なルールが定められていなかったために、会社所有のPCを外部に持ち出したことは、懲戒事由に該当しないと判断された裁判例もあります（東地判平27・1・23労判1117・50）。

---

advice

○物理的安全管理措置

　セキュリティインシデントの増加や近年の情報管理の意識の高まり等も踏まえれば、少なくとも、重要な情報について物理的安全管理措置を何ら講じないということは、極めてハイリスクな状態といえ、必要に応じてセキュリティベンダー等の専門家の意見も聞き、適切な措置を講じるべきでしょう。講じている物理的安全管理措置が形骸化・陳腐化していないか、また、逆に過剰なものとなって業務の効率を阻害していないか等、定期的に見直しを図ることも必要といえます。

第2章　企業における情報管理と労働者

Q30 個人所有の端末の持込み（BYOD）を認める場合にどのような対応を考える必要がありますか。BYODに対して、モニタリングアプリの導入を強制することはできますか。

A 個人所有の端末にモニタリングアプリの導入を強制することは原則としてできません。しかし、本来、私物端末を使用しなければ業務が遂行できないのは労働環境として適切ではないので、私物端末は、従業員が希望する場合に例外的に使用を認めるものと位置付けるべきです。その際、規程類の整備をすることが適切です。

そして、従業員にBYODを許可する条件として、①モニタリングアプリのインストール、②MDM（モバイルデバイス管理）におけるユーザーやプロファイルの登録、③紛失時の遠隔消去の実施への同意を私物端末の使用の条件とすることが考えられます。

〔犬飼　貴之〕

解　説

1　BYODとは

BYODとは、Bring Your Own Deviceの略であり、業務に際して従業員が私物端末を使用することです。従業員が私物端末を使用することにより、業務の生産性が向上することが期待される一方で、私物端末を介して情報の漏えい等が発生するおそれもあります。BYODの態様・方式は様々ですが、いずれにしても従業員が扱う情報の管理とセキュリティの問題が生じ得るため、導入に際しては、一定の検討が必要です。

2　BYODの導入
（1）　BYODの強制

　BYODを従業員に対して一律に強制することは可能でしょうか。業務に必要な道具は会社が用意すべきですから、BYODをしなければ業務を遂行できないという労働環境は、必要性・合理性に欠けると考えられます。そして、このような必要性に欠ける行為の強制は、権利の濫用として無効となったり、損害賠償責任が生じたりする可能性があります。したがって、BYODは、希望した従業員に認めることが適切であり、一律に強制することは難しいでしょう。

　そもそも、BYODを認めるのはあくまで従業員が快適に業務を遂行するためであり、BYODをしなければ業務が遂行できないのは労働環境として適切ではありません。私物端末がなくとも業務が遂行できる環境を用意し、私物端末は、従業員が希望する場合に使用を認めるものと位置付けることが実務上は重要であると考えられます。

（2）　導入の手続（BYODを認める場合の使用者側におけるセキュリティ上の留意点）

　BYODを認める場合、あらかじめBYOD利用にあたってのルールの策定や、端末に必要なセキュリティ対策が施されていることの確認、BYODで利用する端末の管理を行う必要があると考えられます（総務省「テレワークセキュリティガイドライン第5版」（令和3年5月）31・35・38・41・44・47・50頁参照）。

　その具体的な方策としては、BYODで利用する端末の一覧化などもさることながら、法的な観点からは、①規程の策定、②同意書・誓約書の取得を行うことが適切であると考えられます。

　これらいずれについても、規程や同意書・誓約書の条項として、業務情報と私的な情報を混在させないこと、BYODに係る端末には一定レベル以上の機密情報を格納しないこと、BYODに係る端末を家族や

友人に貸与しないこと、外出先等での端末の盗難・紛失を防ぐための対策を講ずること、接続するネットワークを限定すること、ソフトウェア更新や不正プログラム対策の実施をすること、業務用アプリをインストールすること、所要の点検を行うこと、インシデント発生時に会社による端末の調査に応じること等を従業員の義務として規定することが適切であると考えられます(注1)。

3　BYODの運用上の問題点（私物端末に対する一定の措置の従業員に対する強制について）

BYODを無条件に認めれば、従業員の私物端末のセキュリティ対策が不十分であった等の場合に、情報漏えい等のリスクが生じてしまいます。そこで、従業員にBYODを許可する条件として、①モニタリングアプリのインストール(注2)、②MDM（モバイルデバイス管理）におけるユーザーやプロファイルの登録(注3)、③紛失時の遠隔消去の実施

(注1)　内閣サイバーセキュリティセンター（NISC）「スマートフォン等の業務利用における情報セキュリティ対策の実施手順策定手引書」（2016年10月25日）においても、私物端末の業務での使用を認める際の留意事項として、業務情報と私的な情報の混在の回避、家族や友人への貸与の禁止、外出先等での端末の盗難・紛失対策の実施、利用するネットワークの制限、ソフトウェア更新や不正プログラム対策の実施、業務用アプリのインストール、点検内容の明確化を挙げています。

(注2)　なお、質の低いモニタリングアプリを従業員にインストールさせた場合には、かえってセキュリティリスクを増加させることになるため、導入するセキュリティアプリについては、精査が必要です。特に、取り扱う情報の性質が重要・機微であったり、取り扱う顧客情報の量が膨大であったりする場合などには、導入するモニタリングアプリについて事前にセキュリティベンダーに依頼してペネトレーションテストを行うことも考えられます。また、セキュリティ製品の中には、リスク低減効果が限定的であるわりに操作性を著しく損なうものがあるため、導入に際しては、従業員の生産性を著しく損なわないかという観点についても留意を要します。

(注3)　従業員の私物端末をモニタリングする方法は、セキュリティアプリの導入だけではありません。AndroidやiOSなどのモバイル端末用のOSについては、OSに標準搭載されている機能を用いて従業員の私物端末を企業（や学校等の組織）が管理することが可能です。品質に問題のあるセキュリティアプリよりもOSの標準機能を用いた方がよい場合もあるので、製品の特徴等をよく考慮した上で導入の判断をすることが望ましいと考えられます。

への同意を私物端末の使用の条件とすることが考えられます。

本項では、このような条件を要求することの法的問題点について検討します。

（1） モニタリングアプリの導入

従業員に対して私物端末へのモニタリングアプリのインストールを一律で要求をすることは、たとえ同意を取得するとしても、プライバシー侵害の問題があり得ます。このような行為は、結局のところ、一種のモニタリングであり、Q31で述べるとおり、通常のプライバシー侵害の事案と同様に、比較衡量によって違法性が判断されると考えられます[注4]。モニタリングに特有の、個人情報や通信の秘密にまつわる問題点については、Q31を参照してください。

したがって、違法性を阻却するためには、①規程の策定、②同意書・誓約書の取得等の方法により、従業員から同意を取得しておくことが適切であると考えられます。

（2） MDM（モバイルデバイス管理）における登録

それでは、従業員の私物端末をモニタリングするために、MDMにおけるユーザーやプロファイルの登録を従業員に要求することの法的問題点については、前記(1)と同様に、一種のモニタリングであり、通常のプライバシー侵害の事案と同様に、比較衡量によって違法性が判断されると考えられます。

したがって、違法性を阻却するためには、①規程の策定、②同意書・誓約書の取得等の方法により、従業員から同意を取得しておくことが適切であると考えられます。

（注4） これに対して、モニタリングを行わないセキュリティ対策ツール（ウイルス対策ソフト等）のインストールを要求するだけの場合には、プライバシー侵害の問題は生じづらいため、適法になりやすいと考えられます。

（3） 遠隔消去の実施

　従業員がBYODに係る私物端末を紛失した場合には、企業の情報が含まれていますので、端末内の情報を遠隔消去することが望まれます。他方で、私物端末には、従業員が個人的に使用しているデータなども含まれていますから、従業者との関係で、勝手に情報を消去することについては、権利侵害となり得ると考えられます。

　したがって、前記(1)、(2)とは少し異なる問題ではありますが、こちらも同様に、違法性を阻却するためには、①規程の策定、②同意書・誓約書の取得等の方法により、従業員から同意を取得しておくことが適切であると考えられます。

　なお、そもそもこのような問題を回避するためには、私物端末内に業務用データが保存されない仕様のアプリケーションを用いてBYODをさせる（例：リモートデスクトップ接続によるシンクライアントシステム）ことも一案でしょう。

4　インシデント発生時の対応

（1）　BYOD端末の調査をできるか

　前記2で述べたとおり、①規程の策定、②同意書・誓約書の取得を行う際に、インシデント発生時に会社による端末の調査に応じること等を従業員の義務として規定することが適切です。このようにしておけば、インシデント発生時にBYODに係る端末を会社が調査することは、（インシデントの原因究明等の調査目的から逸脱していない限り）適法であると考えられます。

（2）　担当者の懲戒処分の可否

　従業員がBYODを行っている場合において、例えば、従業員の端末のセキュリティ管理に不備があったために顧客の情報漏えいが発生した場合には、企業が、その原因の一端を担った担当者（BYODをして

いた従業員）を懲戒処分できるかどうかは、具体的な事情に照らして決まります。例えば、①当該従業員に対して私物端末で顧客情報を取り扱うことまでは許可していなかった場合には、懲戒処分をしやすくする事情があるといえるでしょう[注5]。他方で、②当該従業員がBYODをせざるを得ないような環境を作り出していた場合（職場のIT環境の整備が不十分であったために、従業員がいわゆる「シャドーIT」を用いざるを得なかった場合）や、従業員にBYODで業務を遂行する際の注意点をしっかり教育していなかった場合には、会社にも落ち度がありますから、懲戒処分をしづらくする事情があるといえるでしょう。

　会社としては、②の事情がなるべく少なくなるように、従業員が私物端末を使わなくても快適に業務が遂行できる環境を提供しておく、従業員に教育を徹底しておく等、工夫しておく必要があります（例えば、オフィス内で単純な事務作業をする従業員については、BYODを認める必要性は低いと考えられますが、出張や外回りが多い営業担当者たる従業員や、私物端末を用いて作業をすることで高い生産性を発揮できるシステムエンジニアたる従業員については、BYODを認める必要性が高いと考えられます。)。

（注5）　BYODを認める場合には、情報の格付けを行った上で、どこまでの情報を私物端末で取り扱うことを許可するのか、規程に定めておくことも重要です。

第2章　企業における情報管理と労働者

Q31 従業員の電子メールのモニタリング、通信履歴・操作歴のモニタリング、位置情報の取得についてはどのような点に留意すればよいでしょうか。

A セキュリティ上の合理的な必要性がある場合には、モニタリングを行うことができますが、従業員のプライバシー等への配慮が必要です。したがって、導入にあたっては、モニタリングの目的・手段・態様を総合衡量して、必要かつ相当な手段に限って実施するべきでしょう。例えば、就業時間外の位置情報などのモニタリングは違法になりやすいと考えられます。また、従業員側への告知をする、必要に応じて同意を取得する等の適正な手続をとることが必要です。

〔犬飼　貴之・安藤　広人〕

解　説

1　新たなモニタリング手法の発展

　近時、情報セキュリティや従業員の勤怠管理を目的として、従業員のコミュニケーションや行動等は、電子メール、監視カメラ、位置情報、端末のイベントログ等、様々な形でモニタリングされるようになってきました。また、コロナ下でテレワークが一般化したことにより、遠隔での勤怠管理、情報管理が必要となり、モニタリングの必要性は増しています。

　一方で、ITを利用したモニタリングは、取得できる情報の量が膨大なものになり、また、取得した情報を利用して分析等も行うことができるため、問題点について整理しておく必要があります。

2 モニタリングの法的問題点と実施手続

まず、モニタリングを適法に行うための法的理論や手続について検討します。

企業は、自ら所有する財産に対して施設管理権を有しており、また、従業員に対する規則制定権や業務命令権を有しているとされています（国鉄札幌運転区事件＝最判昭54・10・30判時944・3）。従業員に対するモニタリングは、これらの権限の行使として認めることができます。

一方で、モニタリングの実施については、従業員のプライバシーとの関係、個情法や電気通信事業法などの行政法規との関係など様々な問題が含まれていますので、それぞれ検討します。

（1） 従業員のプライバシーとの関係

就業時間中であっても従業員には、一定のプライバシーが認められると考えられますが、これを雇用契約や施設管理権などを理由としてどこまで制約できるのでしょうか。これまでの裁判例では、企業ネットワークの利用状況のモニタリングが行われたケースにおいて、個別の同意は必要とはされていないものの、モニタリングの目的・手段・態様等を総合衡量して、社会通念上相当な範囲を逸脱したモニタリングがなされた場合はプライバシー侵害が成立すると判断しているものがあります（F社Z事業部事件＝東京地判平13・12・3労判826・76）[注]。また、勤務時間外に業務用携帯電話の位置情報に基づく居場所確認をしていたことが不法行為であると判断したケースがあります（東起業事件＝東京地判平24・5・31労判1056・19）。これらの裁判例に沿って考えれ

（注） 従業員の電子メールのモニタリングについて、同裁判例は、「従業員が社内ネットワークシステムを用いて電子メールを私的に使用する場合に期待し得るプライバシーの保護の範囲は、通常の電話装置における場合よりも相当程度低減されることを甘受すべきである」るとしており、当該事案におけるプライバシー侵害の成立は否定されました。

ば、モニタリングによるプライバシーの制約が許容されるか否かを検討する際には、①モニタリング実施の目的は正当なものか、②モニタリングを実施する目的との関係で必要かつ相当な手段か、③就業時間中か、④従業員側に説明を行っていたか等が考慮要素になると考えられます。

よって、企業におけるモニタリングの実施方法を考える際には、闇雲に幅広くモニタリングを実施するのではなく、上述の考慮要素を踏まえて、必要十分であり適法な形のモニタリング方法を検討する必要があります。

情報漏えいの疑いがあるようなケースでは、前述の裁判例に照らしてもモニタリングは許容されやすいと考えてよいでしょう（詳細についてはQ34を参照してください。）。

（2） 個情法

次に、個情法上の問題も指摘されます。要配慮個人情報に該当しない限りは、個人情報を取得する際に同意は不要であり（個情20②）、利用目的を通知又は公表すれば足ります（個情21①）。具体的な利用目的の記載は、以下のような形にすることが考えられます。なお、自動分析を行う場合には、利用目的にその旨も記載することが適切であると考えられます（プロファイリングについては、Q10を参照）。

（例）
・情報セキュリティの維持及びセキュリティインシデント発生時の対応への利用
・従業員の勤怠状況等の把握及び管理への利用（アルゴリズムによる自動的な分析を含む。）
・従業員の不正行為等の疑いが生じた際における調査への利用

なお、個人情報保護委員会は、モニタリングの導入について、より具体的な見解を示しています（個情QA・Q5-7）

> A5-7　個人データの取扱いに関する従業者の監督、その他安全管理措置の一環として従業者を対象とするビデオ及びオンラインによるモニタリングを実施する場合は、次のような点に留意することが考えられます。なお、モニタリングに関して、個人情報の取扱いに係る重要事項等を定めるときは、あらかじめ労働組合等に通知し必要に応じて協議を行うことが望ましく、また、その重要事項等を定めたときは、従業者に周知することが望ましいと考えられます。
> ○モニタリングの目的をあらかじめ特定した上で、社内規程等に定め、従業者に明示すること
> ○モニタリングの実施に関する責任者及びその権限を定めること
> ○あらかじめモニタリングの実施に関するルールを策定し、その内容を運用者に徹底すること
> ○モニタリングがあらかじめ定めたルールに従って適正に行われているか、確認を行うこと

　上記解説では、モニタリングの目的は「社内規程等に定め」るとありますが、就業規則（労基89）とする必要はないかが問題となります。

　この点、個情法による個人情報の利用目的の従業員に対する明示と労基法による就業規則の策定とは、別個の法律に基づく措置であり、その要否及び実施方法は、それぞれの法律によって判断されるべき問題です。個情法における個人情報の利用目的の明示の方法は、「事業の性質及び個人情報の取扱状況に応じ、内容が本人に認識される合理的かつ適切な方法による」（個情GL（通則編）2-14・3-3-4参照）とされており、モニタリング目的の明示については、上記個情法QA・Q5-7の解説のとおり、単なる「社内規程」に定めることで問題ないと考えられます。

　もっとも、モニタリングを全社的に実施することについては、「当該事業場の労働者すべてに適用される定め」（労基89①十）、に該当し得るため、就業規則にも、モニタリングの細かな手続ではなく、モニタリ

ングを実施すること程度の記載を行うことは労基法の趣旨に沿うものと考えられます（なお、社内規程と就業規則についてはＱ13及びＱ27参照）。

　ただし、モニタリングの対象となる情報の中に要配慮個人情報が混ざっている場合やプライバシー侵害を主張された場合など他の法的リスクを考えると、同意書のような形で同意を取得しておくことが安全であると考えられます。

　さらに、モニタリングについては、従業員のプライバシー等、就労に関連する権利義務に関わる問題を含みますので、労働組合や従業員の代表者等と、モニタリングの方法、モニタリングによって取得する従業員情報の内容、取得した情報の利用方法、保管期間、廃棄の方法などについて、十分に協議を行うことが、問題発生を防止する上では有益であるといえます。

（3）　通信の秘密

　通信の秘密は、憲法に規定があるほか（憲21②）、電気通信事業法（電通事4）、有線電気通信事業法（有線電通9）及び電波法（電波59）などに定めがありますが、保護の対象となる通信は幅広く解されており、通信の内容の他、通信の相手方、発信日時等のメタ情報も含むものとされています（東京地判平14・4・30（平11（刑わ）3255）裁判所ウェブサイト）。

　また、通信の秘密を「侵」す行為（電通事4）の意義は、具体的には、「知得」、「漏えい」、「窃用」を指すとされています（電気通信事業法研究会編『電気通信事業法逐条解説〔再訂増補版〕』79頁（（一財）情報通信振興会、2024））。従業員が企業の備品であるパソコン等を利用して送受信した電子メールの内容や送付先、ウェブサイトへのアクセス履歴等を、モニタリングによって使用者側において把握する場合、「知得」したとして、通信の秘密との関係で問題が生じる可能性があり、モニタリングの対象との関係で、何らかの手当をしておく必要があります。

　この点、従業員は企業の業務を行っているのであって、企業の業務

に関して通信を行っている場合には、法人の通信の秘密の問題であり、従業員の通信の秘密は問題とならないとする考え方もあり得ます。しかし、企業側で企業の設備を使っての私的通信を明示的に禁止していないケースもあり、必ずしもこのように言えない場合もあると考えられます。

次に、企業側のモニタリングが正当業務行為となると考え、違法性が阻却されるとする考え方もあり得ます。通信の秘密を侵害する行為が正当業務行為として違法性が阻却されるか否かは、①目的の正当性、②行為の必要性、③手段の相当性によって判断されると考えられています。企業側のモニタリングについても、慎重な検討が必要ではありますが、これらの要件を満たすような態様で実施することにより、正当業務行為として違法性が阻却されることもあると考えられます。

また、従業員からモニタリングについての同意を取得することによって違法性を阻却するということも考えられます。その際、契約約款等に基づく事前の包括同意のみでは、一般的に有効な同意とはいえないと考えられているため（総務省「同意取得の在り方に関する参照文書」）、同意の取得方法には細心の注意を払う必要があります。

（4）　導入の手続

以上検討した結果をまとめると、モニタリングの導入にあたっては、以下のような事項を検討する必要があります。

　　ア　モニタリングの目的

モニタリングの目的については、特定をした上で、従業員側に明示する必要があります。また、目的は正当なものである必要があります。

　　イ　モニタリングの方法

モニタリングを実施する方法が目的との関係で必要なものであり、取得する情報についても相当なものであって、不要な情報は取得しないようにするべきでしょう。個情法QA・Q5-7の解説にある、実施責

任者の確定、実施ルールの策定、ルールに従った実施の確認等は、モニタリングの方法の適正性の判断要素となるでしょう。
　　ウ　従業員の同意
　個別の事情次第ですが、従業員からモニタリングについての同意を取得することが適切と考えられる場合も多いでしょう。

3　個別のモニタリング手法の分析
　モニタリングの手法には様々なものがありますので、さらに個別のモニタリング手法について検討します。
　（1）　電子通信監視ツールの使用
　企業の情報システムは、サーバーやデータベース、パソコンやスマートフォンなどの端末で構成されますが、近時のモニタリングシステムでは、これらの構成要素の全体又は一部を監視し、企業の情報システムと外部インターネットとの通信履歴や情報システム内のアクセスログ、イベントログ等を取得し、自動的に解析してアラートを上げたり、特定の通信を遮断したりすることができます。このようなモニタリングシステムは、様々な機能を組み合わせたものであり、このうち一部の機能だけを提供するサービスや特定の機能を得意とするサービスなど様々なサービスや機器が提供されており、マーケティング上いろいろな名称で呼ばれています（例えば、SIEM、EDR、WAF等様々です。）。
　このようなモニタリングシステムは、いずれも通信を監視する機能を備えているため、通信の秘密との関係で細心の注意を要します。したがって、導入にあたっては、モニタリングシステムがどのような振舞いをするのかを把握し、モニタリングの目的との関係で、当該振舞いが目的達成のために必要なものであり、手段（情報の取得範囲、解析の態様等）が相当なものになっているか等を確認しておく必要があるでしょう。

（2）　イベントログの収集

モニタリングシステムによっては、従業員に利用させているパソコン等の情報機器について、キーストロークやマウス操作の記録、画面のキャプチャ、使用したアプリケーションの記録、PC付属のウェブカメラによる情報の収集をすることができるものがあります。

このようなモニタリングシステムについては、必ずしも通信の秘密との関係では問題とならないこともあります。しかし、従業員の行動を全て監視することも可能となるため、プライバシーとの関係で問題が生じる可能性があり、モニタリングの目的の特定と、モニタリングの態様が目的達成のために必要かつ相当な手段となっているかどうか、モニタリングが就業時間にとどまるものか、モニタリングについて従業員側に説明を行っているか等を確認しておく必要があるでしょう。

（3）　位置情報の収集

MDM（モバイルデバイス管理）により、従業員に貸与したスマートフォンなどのデバイスの位置情報を追跡することが考えられます。具体的には、AndroidやiOS等のOSに標準で備わっている位置情報の取得機能を用いて（OSのAPIを用いて）位置情報を取得し、使用者側に伝達して管理するものです。このような位置情報については、従業員が端末を紛失したときに場所を特定したり、出張の名目で外出した従業員が遊園地等に遊びに行っていることを立証したりすることに使用できるため、使用者側から見て有益な情報です。しかし、就業時間外の位置情報の把握は、プライバシー侵害の観点から許容されないことも多いと考えられます（東起業事件＝東京地判平24・5・31労判1056・19参照）。

4　その他の問題

（1）　雇用関係にない者に対するモニタリングの実施

企業内で業務に従事する者は、必ずしも企業と雇用関係がある者ば

かりではありません。企業では業務委託をされた者や派遣労働者、出向者など正規雇用の従業員ではない者も企業の業務を行っていますが、これらの非正規従業員等に対しても、情報セキュリティの観点からモニタリングを行う必要があります。このような非正規従業員等に対するモニタリングの実施は、社内規程が適用されるかという問題や偽装請負に該当する根拠とされるのではないかという問題が指摘されます。具体的な対応策については、Q39を参照してください。

(2) テレワーク

Q32で述べているとおり、自宅でのテレワークは個人の私生活の場での業務従事となりますので、モニタリングをする際にも、プライバシーについて特に慎重な配慮が求められます。例えば、バーチャル背景を使用させずに常時カメラオンを求めたり、業務に専念しているか確認する際に自動で端末のカメラを起動させて部屋の背景まで含めて企業が確認したりすることなどは、違法になるリスクがあります。テレワーク特有の留意点については、Q32を参照してください。

(3) BYOD

従業員が自己所有の私物端末(携帯機器等)を用いて業務を行うことをBYOD(Bring Your Own Device)といいます。モニタリングの観点からは、BYODを認める際には、従業員の私物端末から企業の情報が流出しないよう、当該私物端末をきちんとモニタリングする必要があります。具体的には、私物端末にセキュリティアプリケーションを導入し、モニタリングを行うことが考えられます。他方で、私物端末はプライバシーの塊ですので、従業員のプライバシーにも配慮する必要があります。BYOD特有の留意点については、Q30を参照してください。

5 インシデント発生時の利用

企業において従業員の不祥事が発生した際に、従前から企業の情

システム部が従業員から同意を取得せずにモニタリングを実施しており、当該モニタリングによって取得していたログ等の情報が従業員への責任追及の観点から有用であることが発覚するという場合がしばしばあります。

日本の民事訴訟においては、違法収集証拠であっても基本的には提出することができるため、このような違法収集証拠の可能性があるログ等の情報であっても、証拠として用いること自体は基本的には可能であると思われます。もっとも、証拠として使用することにより、そのような違法なモニタリング・証拠収集をしていたことが従業員に対して露呈してしまうので、別途、従業員から損害賠償請求を受けるリスクはあります。そのため、従業員への責任追及への有用度と、従業員から違法なモニタリングについて損害賠償請求を受けるリスクを天秤にかけた上で、当該証拠を使用するかどうかを決めることが現実的な解決策であると考えられます。

第2章　企業における情報管理と労働者　　201

Q32 テレワークを導入する際にどのような問題がありますか。また、導入にあたってはどのような手続をとるべきでしょうか。

A テレワークとは、情報通信技術を利用して通常勤務場所として予定されている以外の場所で職務を遂行するものであるため、情報セキュリティ上のリスクやプライバシー侵害のリスクが生じやすくなります。

　そこで、そのような問題を理解した上で、適切な就労条件を定めるため、就業規則等による適切なテレワーク制度の構築が必要となります。

〔末　啓一郎〕

解　説

1　テレワークとはどのような働き方か

　テレワークとは、情報通信技術を利用して通常勤務場所として予定されている以外の場所で職務を遂行することをいいます。したがって、①情報通信技術を利用すること、②通常勤務場所ではない場所で勤務することの二つの特性から種々の問題が生じ得ます。それは、時間管理の問題や安全衛生の問題など多岐にわたりますが、ここでは情報の取得及び管理に関して生じ得る問題に絞って問題と対策を考えることとします。

　テレワークの就労場所としては、自宅（在宅勤務）、カフェ等の不特定の場所（モバイル勤務）、会社の指定した社外のオフィス（サテライトオフィス勤務）などがあり、さらにはリゾート地などでの勤務の形態（ワーケーション）もあり得ます。それぞれによって、発生し得る

問題に違いがありますが、ここではそれらに共通する問題を取り上げていくこととします。

2 プライバシー侵害の問題

　テレワークの中で最も典型的な勤務形態である在宅勤務については、勤務の場所が個人の私的生活の場で行われることとなるために、職務の管理監督を行う上で、過度な私生活への干渉とならないことへの配慮が必要となります。

　例えば、オンライン会議を行う場合等、周囲の執務の状況を確認するためである等として室内状況が見えるようにすることを指示したりすることは、プライバシーを侵害する行為となります。セキュリティ上の懸念がある場合等、執務環境の確認の必要性・合理性がある場合についても、そのような干渉は必要最低限度に留めなければならないと考えられます。また、セキュリティの問題がある場合、後述するとおり、そもそもテレワークを認めないということを考えるべきであると思われます。

　これに関連しますが、私的生活の場は、個人が賃貸又は所有する財産でもあるため、これを業務遂行のために提供するという性格も有します。そのため、使用者には在宅勤務を命じる権利は存在しないとする議論もあります。しかし、在宅勤務についての労働者の包括的同意がある場合、又は就業規則等により在宅勤務制度を整え、それによる在宅勤務命令権の行使を適正かつ適切に行う場合には、在宅勤務命令は有効であると考えられます。

　ただし、在宅勤務は、一般的な配置転換や転勤とは明らかに異なりますので、それらの規程を利用して在宅勤務を命じることはできず、在宅勤務を命じる場合には、新たに就業規則にその旨の規定を設ける必要があります。また、個人が在宅勤務を拒む場合に、在宅勤務命令が有効であるためには、転勤や配置転換の場合と同様に、在宅勤務に

よる個人の私生活上の支障と業務上の必要性とを比較考慮してその有効性についての判断がされるべきであると考えられます。その際に、不当にプライバシーの権利を侵害しないかなどについても、配慮が必要であると考えられます（この私的生活の場で就労することの問題点に関しては、テレワークの中でも、会社の準備した事業場外の事務所での勤務の場合であるサテライトオフィス勤務の場合には、通常のオフィス勤務と大きな違いはなく、モバイル勤務の場合も、私生活の場所とは異なりますので、このようなテレワーク特有の問題は発生しにくいといえます。ワーケーションの場合も就労場所がリゾート地のオフィス勤務の場合等は、サテライトオフィス勤務の場合と同様で、居住場所での勤務の場合は、在宅勤務の場合と同様であるといえます。）。

3　情報セキュリティの問題

テレワークでは、上記1の、①情報通信技術を利用すること、②通常勤務場所ではない場所で勤務することの特性から、情報セキュリティの問題が指摘されます。

これは、②の特性から、社内の情報が持ち出された状態にあることや、①の社外の執務場所から社内情報へのアクセスを行う際に、会社の管理が及ばない通信経路を利用することが頻繁に生じ得るため、通常勤務の場合よりも、情報流出リスク及びサイバー攻撃による被害を受けるリスクが高まることによります。その意味では、在宅勤務だけではなく、モバイル勤務、サテライトオフィス勤務、ワーケーションの場合についても同様に問題となるといえます。

（1）技術的対策と社員教育

これについての対策としては、社内情報持ち出しの規制の必要性が高まることへの配慮が必要となること以外は、通常の勤務の場合と同様、通信の暗号化をしたVPNやリモートデスクトップ（画面転送型）、ファイアウォールの導入、セキュリティソフトの導入、ファイル共有

の暗号化、パスワードの定期的変更や複雑化等の技術的な対策のほか、情報セキュリティに関する社員教育・ルールの設定、違反の場合の懲戒手続の整備などを行うべきといえます。

しかしこれらの対策においても、完全なものはなく、利便性に伴う不可避的なリスクの増大を認識したセキュリティ対策の改善向上が継続的に必要となります。

（2）　規則上の手当

上述したとおり、セキュリティ確保のためには、技術上の手当だけではなく、従業員の意識の向上及び協力が不可欠であり、そのための教育が非常に重要であります。また、これに関しては、テレワークを行う場合に従業員が守るべきルールを確立し、それについての違反に関する罰則（懲戒処分）なども整備しておく必要があります。特に懲戒処分については、その根拠となる規定がなければ、そもそも処分を行うことができないことになりますので、ルールの確立とともに、違反の場合の処分内容を明確にしておく必要があります。

これについては、テレワーク勤務規程や情報管理規程などを設け、そこに守るべきルールを具体的に明確にするとともに、これに対する違反については、就業規則上の懲戒処分の対象となることを明記するべきであると考えられます。このような規則については、テレワークを行う上で、当該事業場の労働者のすべてに適用される順守事項となりますので、就業規則の一部として、過半数労働組合又は従業員代表の意見を聴取した上で、労働基準監督署に届け出ることが必要となります（労基89・90）。

（3）　テレワーク勤務の禁止

この関係で、情報セキュリティが確保できない場合に、在宅勤務等のテレワークを禁止するとの取扱いができるかが問題となります。これは、上に述べた使用者による在宅勤務命令権とは逆に、労働者の側から在宅勤務することを請求する権利があるかの問題であるともいえます。

本論点については、そもそも労働者には就労請求権はないとされていますので、在宅勤務のような特定の形態での就労を請求する権利も存在しないと考えられます。したがって、情報セキュリティが確保できない場合については、在宅勤務を認めないとの取扱いが当然に許されるものと考えられます。

　問題となるのは、情報セキュリティの確保が困難であることを理由とする在宅勤務請求の拒絶が、男女差別、ハラスメント、不当労働行為、同一労働同一賃金の原則違反等に該当する場合です。しかし、差別禁止等の点につき疑義が生じる場合においても、在宅勤務の拒絶以外の方法で問題を回避できない場合については、企業の情報セキュリティの確保という業務上の正当な理由による拒絶であるため、（差別に該当しないとか、ハラスメントに当たらない等の理由で）それらの違反はないと考える余地があります。

　したがって、それらの問題が生じ得る場合については、在宅勤務の拒絶に関して、個別具体的に慎重な検討が必要とされることになります。

---

advice

○適切なテレワーク制度の構築

　以上述べたとおり、テレワークの導入において、上記に限らずいろいろな問題が生じますので、それらについて公平・公正かつ合理的な形で処理ができるよう、テレワーク規程等を整備し、適切なテレワーク制度を構築することが肝要です。

　そのような制度を構築しておくことにより、問題が発生した場合に、問題点を把握し、制度を改善することも容易になるものと考えられます。

Q33 内部通報制度を構築するためにはどのようなことを行う必要がありますか。また、内部通報がなされた場合、通報内容はどのように管理する必要がありますか。

A 内部通報制度とは、企業等の事業体において、法令や社内規程の違反、不適切な事象等が発生し、又は発生しようとしている場合に、従業員などの内部関係者からの通報を受け付け、調査を行い、必要に応じて是正措置を講じる仕組みです。内部通報制度を構築するにあたっては、公益通報者保護法の規定に沿った制度設計を行う必要があります。

〔内田 靖人〕

解 説

1 内部通報制度構築の必要性

株式会社については、内部統制システムの整備が求められており（会社348③四・④・362④六・⑤、会社則98・100）、内部統制システムを構築し、これを機能させることは取締役及び監査役の善管注意義務の内容でもあります。

このような内部統制システムを機能させるための仕組みの一つとして、内部通報制度の整備が必要となります（上場企業については、東京証券取引所の定めるコーポレートガバナンス・コードにおいても、内部通報体制の整備が求められています（原則2-5）。）。

以上の会社法上の要請に加えて、事業主は、その雇用する労働者について、パワーハラスメントの防止措置（労働施策総合推進30の2①）、セクシュアルハラスメントの防止措置（均等11①）を講じることが義務化

されています。不祥事を看過、隠蔽することは、かえって損害拡大や社会的評価低下の要因になることから、これらの事態を未然に防止するとともに、発生時に迅速に調査・是正措置を講じることは、事業価値の維持・増大にとっても極めて重要であり、その点からも内部通報制度の整備は必要不可欠といえるでしょう。

2 公益通報者保護法と内部通報制度

内部通報制度に関連する法律として、公益通報者保護法があります。公益通報者保護法は、通報対象事実（犯罪行為、過料対象行為、又は最終的にこれらにつながる行為）について、公益通報をした者の解雇の無効、不利益取扱いの禁止等を定めることにより、通報者の保護を図るものです。

公益通報者保護法では、通報対象事実が生じ、又はまさに生じようとしている場合に、役務提供先（雇用主）にその旨を通知するものを公益通報として位置付けています（公益通報2①）。同法における通報対象事実は、犯罪行為や過料対象行為等に限定されていますが、前記のとおり、内部通報制度の目的は、究極的には事業価値の維持・増大にあることから、事業者において内部通報制度を設ける場合は、これらに限定せず、コンプライアンス上問題となり得る行為も含めて広く受け付ける仕組みにすることが適切です。

3 内部通報制度の構築

令和2年の公益通報者保護法の改正法により、常時使用する労働者の数が300人を超える事業主については、内部公益通報の対応体制の整備が義務付けられることになりましたが（公益通報11③）、内部通報制度を構築するにあたっては、公益通報者保護法の規定に沿った制度設計を行う必要があります。具体的には、以下のような体制を整備する

ことが求められています。
① 部門横断的な公益通報対応業務を行う体制の整備
・内部公益通報受付窓口の設置、対応部署・責任者の定め
・組織の長、その他幹部からの独立性の確保に関する措置
・公益通報対応業務の実施に関する措置
・公益通報対応業務における利益相反の排除に関する措置
② 公益通報者を保護する体制の整備
・不利益取扱いの防止に関する措置
・範囲外共有の防止に関する措置
③ 内部公益通報対応体制を実効的に機能させるための措置
・労働者等、役員、退職者に対する教育・周知に関する措置
・是正措置等の通知に関する措置
・記録の保管、見直し・改善、運用実績の労働者等及び役員への開示に関する措置
・内部規程の策定及び運用に関する措置

また、改正法では、内部公益通報の対応業務に従事する者について、以下のような規制が導入されました。
④ 公益通報対応業務従事者の指定（公益通報11①）
⑤ 公益通報対応業務従事者又は公益通報対応業務従事者であった者が、正当な理由がなく通報者を特定させる情報を漏えいした場合は、刑事罰（30万円以下の罰金）が科せられる（公益通報12・21）。

以上は、公益通報制度に関する規制でありますが、通報受付窓口に関しては、ハラスメントなども含めた、社内の問題を広く受け付けることとすることが現実的です。この点に関して、消費者庁の「内部公益通報対応体制の整備に関するＱ＆Ａ」では、「事業者は、通報対象事実の通報を受け付ける窓口であっても内部公益通報受付窓口には該当しない窓口を設けることも可能です。ただし、このような窓口を設け

る場合、通報者の保護の観点から、通報者が通報先の窓口が内部公益通報受付窓口であるか、内部公益通報受付窓口以外の窓口（非内部公益通報受付窓口）であるかを明確に認識・理解できることが必要になります」（Ｑ７）とされていることに留意が必要です。

4　通報内容の管理
（１）　機密性の確保及び通報者の保護

通報内容の管理において最も重要であるのは、機密性の確保及び通報者の保護です。そのため、通報対応業務を取り扱う責任者を定め、その者も含めた関係者について、十分に教育を行うとともに、通報者に対する報復行為を厳しく禁止し、それを徹底するための方針やルールを明確にすることが必要です。

また、通報者が匿名で通報できる制度を整備し、通報者の特定につながる情報の共有を禁止する必要があります。そして、通報内容は、通報者や調査対象者に開示しない原則を定め、必要に応じて開示する場合には、開示の必要性と方法を慎重に検討する必要があります。

（２）　通報内容の適切な管理及び調査

通報内容は、速やかに調査する必要があります。通報内容が事実である場合には、速やかに是正措置を講じる必要があります。また、通報内容が事実でない場合でも、その理由を説明するとともに、再発防止策を講じる必要があります。そこで、電話、メール、書面送付、面談等により、通報者からの情報を正確に取得・記録し、迅速に事実確認や調査を行い、通報内容を調査した結果、問題が確認された場合、再発防止措置を策定し、実施することが重要です。

第2 インシデント発生後

　本項目では、実際のインシデント発生に関連する論点を取り上げています。まず、実際にインシデントが発生した段階での調査に伴う問題点について検討しています（Q34参照）。
　また、内部不正による問題が明らかになった場合の労働者への責任追及についても一問を設けました（Q35参照）。
　さらに、インシデント発生のリスクが高いと考えられる退職予定者や退職者に対しての管理策や、実際の調査について、別の設問を設けて取り上げています（Q36・Q37参照）。
　情報セキュリティとは少し文脈が異なりますが、よくトラブルになる社員のSNS利用など、従業員の私的な行動について、どこまで規制が可能であるのかについて検討しています（Q38参照）。
　最後に、企業内で就業し、情報セキュリティの対象とされるべき派遣や出向、請負・業務委託等、非典型労働者に関する問題についても取り上げました（Q39参照）。

第2章　企業における情報管理と労働者　　211

Q34 社内で労働者がハラスメントや使い込みなどの不正行為に及んだ疑いが生じて会社が調査を行う場合、パソコンやスマートフォンなどの情報端末内のデータを調査する際の留意点はどのようなものでしょうか。

A 労働者の不正について調査を行う場合、関係者に対するヒアリングのほか、資料やデータなどの客観的な資料の収集が重要です。特に労働者が業務上使用しているパソコン等の情報端末内に重要な情報が残されている可能性がありますので、データの解析が有効です。

　会社から労働者に貸与した端末等は会社に管理権限があるためデータの解析が容易であるものの、一定の配慮が必要な場合もあります。他方、私物の端末等については原則として本人の同意を得ない調査は難しいといえます。調査への協力を従業員に要請する場合、労働者の職責や不正と業務内容との関連性の程度などで、協力に応じる義務があるかどうかが判断されることとなります。

〔河本　秀介〕

解　説
1　不正調査
　労働者にハラスメントや使い込みなどの不正行為に及んだ疑いが生じた場合、会社は事実関係を調査した上で不正の存否・内容を確認し、是正や再発防止を図る必要があります。
　会社は、企業秩序を維持するため、労働者の不正について、当然に事実関係の調査を行うことができます。判例でも、「企業秩序は、企業

の存立と事業の円滑な運営の維持のために必要不可欠なものである」
とした上で、企業秩序に違反する行為があった場合には、その違反行
為の内容、態様、程度等を明らかにして乱された企業秩序の回復に必
要な業務上の指示・命令を発し、又は違反者に対し制裁として懲戒処
分を行うため事実関係の調査をすることができることは当然のことと
いわなければならないと判断されています（富士重工業事件＝最判昭52・
12・13判時873・12）。

　また、労働者側としても、一定の範囲で会社による調査に協力すべ
き労働契約法上の義務を負うと考えられます。前記判例でも、調査の
対象となっている当事者のほか、調査対象者を管理監督する立場にあ
る者、調査対象である違反行為の性質、内容、不正行為を知る機会と
職務執行との関連性、より適切な調査方法の有無等諸般の事情から総
合的に判断して合理的と判断される者には、調査に協力すべき義務が
あると判断されています。

　他方で、企業による調査も無制限に認められるわけではありません。
特に、労働者のプライバシー権を侵害するなど、調査の態様に違法が
あるとみなされた場合、労働者に対する不法行為が成立する可能性が
あるほか、調査結果を前提とした懲戒処分等の有効性にも疑問が生じ
るため注意が必要です。

2　調査の手法

(1)　調査の手法

　不正調査の方法には、大きく分けて①物的な資料やデータなどの客
観的な資料の収集と、②調査対象者やその他の関係者に対するヒアリ
ングの2種類があります。

　客観的な資料の収集方法には、㋐公的機関への照会や不特定多数に
向けて公開されている情報を収集する方法、㋑企業内部において保

管・管理されている資料を収集する方法、㋒調査対象者を含む労働者等が保管・管理している資料やデータの提出を求める方法、㋓調査会社等の外部機関に委託して情報を得る方法などが考えられます。

　不正の疑いが生じた場合には、特に労働者等が管理・保管している資料の中に重要な情報が含まれている可能性が高く、中でも労働者が使用しているパソコン、スマートフォンその他の情報端末内に保管されているデータ内に調査に有用な情報が含まれている可能性が高いといえます。例えば、電子メール、メッセージアプリ等のログ、文書・画像等のデータ、携帯端末のGPSデータなどがこれに含まれます。したがって、上記㋒への調査が重要となりますが、プライバシーへの配慮が必要となります。

（2）　デジタル・フォレンジック

　上記との関係で、近年では情報端末内のデータ調査にあたり、デジタル・フォレンジックの重要性が高まっています。デジタル・フォレンジックとは、情報端末や記憶媒体等の電子機器内のデータを抽出し、これを解析する調査を指します。デジタル・フォレンジックでは、電子機器内部に保管されたデータを包括的に取得・保全し、削除されたデータ等の復元を試みた上で、これを解析するのが一般的です。

　また、電子機器内部の全データが調査の対象となるため、電子メール、画像、文書等のファイルだけでなく、個々のファイルへのアクセス、修正、削除等の履歴や外部との通信履歴なども解析の対象となります。

　デジタル・フォレンジックの多くは、単に端末内のデータを閲覧するだけでなく、データの復元やアクセス履歴等の解析を伴います。削除されたデータの確認や、改ざん等の有無を調査対象とすることができるため、不正の調査にあたっては強力な手段となり得ます。

(3) 調査の限界

　このような調査がどこまで可能であるかを考える上では、会社による不正調査があくまでも任意の調査であり、警察・検察の捜査のような強制力がないことに留意するべきです。そのため、資料の収集に際しては調査対象者や関係する労働者等の協力が必要です。

　特に、労働者が業務上使用しているパソコンやスマートフォンなどの情報端末は、会社が労働者に貸与している場合と、労働者の私物を会社の業務に関連して使用している場合がありますので、それぞれ別個の検討を要します。まず、会社が管理するサーバーや、労働者に貸与した情報端末から情報を収集する場合については、原則として労働者の同意は必要ありません。ただし、この場合であっても従業員のプライバシーへの配慮が必要になる場合があります。

　これに対して、労働者の所有物や私物の情報端末内のデータから情報を収集する場合には、原則として労働者の同意が必要です。

　さらに近年では、従業員がSNSやメッセージアプリ、クラウドストレージ等の外部サービスを利用している場合、情報の大半がサービス提供業者の管理するサーバー内に存在し、情報端末内には残されていない場合があります。このような外部サービスにアクセスして情報を収集する場合も、会社が契約しているサービスか、労働者が個人で使用しているサービスかによって判断が異なり、後者の場合には原則として労働者の同意が必要です。以下3で具体的に検討します。

3　会社から貸与した情報端末等からの情報収集

(1) 原　則

　会社が所有し、労働者に貸与した情報端末や会社自身が管理するサーバーなどは、会社に所有権や管理権があるので、原則として従業員の同意なく調査を実施することができます。もっとも、労働者が使用

する情報端末内のデータにはプライバシー情報が含まれている可能性があり、それへの配慮が必要です。この点に関して、労働者が企業のネットワークシステムを利用して送受信した私的なメールを上司が監視目的で許可なく閲覧したことの違法性が争われた事件の判決では「監視の目的、手段及びその態様等を総合考慮し、監視される側に生じた不利益と比較考量のうえ、社会通念上相当の範囲を逸脱した監視がなされた場合に限りプライバシー侵害になる」との判断基準が示されています（東京地判平13・12・3労判826・76）。

したがって、不正調査においても、社会通念上相当の範囲を逸脱したと見なされる場合には、労働者に対するプライバシー侵害の問題が生じる可能性があることに注意が必要です。

この点について以下個別に検討します。

（2） 貸与端末等内のデータの調査

労働者に貸与された情報端末等は、会社の所有物であることから、労働者に対して返還を求めた上で、端末内のデータを調査することが可能です。また、端末内に保管されたデータは、通常、会社の業務に関連したデータであると推定されるため、労働者のプライバシーに配慮する必要は低いといえます。

ただし、労働者に貸与された端末内のデータであっても、個人的なデータを保存していたり、会社から支給されたもの以外の電子メールアドレスでのやり取りを行っていたりする等もあり得るので、プライバシーへの配慮の必要が全くないわけではありません。この点に関しては、会社が労働者に貸与した端末等を私的に使用することを就業規則等で明確に禁止している場合には、端末内のデータは業務上使用されたものであるという強い推定が働くため、プライバシーへの配慮の必要は高くないといえます。逆に、一定の私的利用を許容しているような場合は、一見して調査との関連性が乏しいデータについては閲覧

しないなどの一定の配慮が必要です。したがって、このような調査に備えて、従前から然るべき規程の整備等が必要といえます。

また、労働者が、会社が貸与した情報端末上でSNSやクラウドストレージなどの外部サービスを利用している場合には、それらのデータが情報端末上に残されておらず、サービス提供会社の管理下にある場合があります。貸与端末から得られた情報から、これら外部サービスの情報を取得することが可能かは、別の議論として後述します。

なお、会社所有の端末であっても、労働者の手元で管理されている貸与端末等を、労働者に無断で持ち出すことは、窃盗に当たる可能性があるため避ける必要があります。

（3） 会社が管理するメールサーバで送受信されたメールデータ

以上のような情報端末内のデータと異なり、会社のネットワークシステムを利用して送受信されたメールデータを閲覧することは、会社がメールサーバの管理権を有していることや、業務目的でのメールのやり取りについてプライバシーに配慮する必要が乏しいことから、具体的な調査の必要があり、労働者が送受信した電子メール内に調査に必要な情報が含まれている可能性が高い場合には、本人の同意を得ずとも実施することができると考えられます。

特に、就業規則等において電子メールの監視・調査権限を明示し、周知している場合には、労働者によるプライバシー保護への期待は低いため、電子メールの監視・調査を行ってもプライバシーの侵害にはならないという見解が通説です。

他方で、就業規則等で、業務中の私的な電子メールの送受信を明確に禁止していない場合や、電子メールの監視・調査権限を定めていない場合には、私的な電子メールを閲覧することは、プライバシー権侵害の問題が生じる余地があります。

この点、裁判例は、労働者が社内ネットワークシステムを用いて電

子メールを私的に使用する場合に期待し得るプライバシーの保護の範囲は、通常の電話装置の場合よりも相当程度低減されることを甘受すべきであり、監視の目的、手段及びその態様等を総合考慮し、監視される側に生じた不利益を比較衡量の上、社会通念上相当な範囲を逸脱した監視がなされた場合に限りプライバシー権の侵害となると解するのが相当であると判断しています（前掲東京地判平13・12・3）。

（4） 会社が契約するクラウドサービス内のデータ

会社が、労働者に業務上使用させるため、社外のサービス事業者と契約している場合があります。クラウドサービスの例として、グループウェア、オンラインストレージ等が挙げられます。このようなクラウドサービス上のデータは、通常、社外のクラウドサービス事業者が管理するサーバー内に保存されています。

これらに関する調査については、一般的に法人向けのクラウドサービスでは、サービス事業者から会社に対して管理者アカウントが発行されており、クラウド内のデータへのアクセス権限を設定したり、アクセス状況を確認したりする権限（管理者権限）が与えられています。したがって、会社が契約し労働者に使用させているクラウドサービス内に保管されたデータについても、貸与端末内のデータと同様、会社の業務に関連したデータであると推定されます。よって、会社が、労働者がクラウド内で取り扱っているデータに管理者権限を用いてアクセスしたり、データへのアクセスログを確認したりする場合には、労働者のプライバシーに配慮する必要は低いといえます。

なお、労働者がクラウドサービス内で取り扱うデータに対し、会社に与えられた管理者権限を用いてアクセスするのではなく、労働者個人が管理しているIDとパスワードを本人の同意なく用いてアクセスすることは、不正アクセスにあたる可能性があるため、避ける必要があります（不正アクセス2④一・3）。

（5） 貸与されたスペース内に保管された資料

労働者に貸与されたデスクの引き出しやロッカーの中は、労働者に一定の管理権限が与えられており、プライバシー性の高いスペースであるため、これらの場所を調査することには慎重を要します。労働者の同意が得られない場合は、これらのスペース内に調査に関連した資料が保管されている可能性が高く、調査の必要性が認められるかどうかを検証した上で調査を行う必要があります。

なお、就業規則等において、本人の同意なくこれらのスペースを調査する場合があることについて定められている場合には、このような配慮の必要は低いでしょう。

4 労働者個人の所有物等からの情報収集

（1） 原　則

労働者やその他の第三者が所有・管理している端末やアカウント等から情報を取得する場合には、原則として所有者・管理者の承諾を得る必要があります。

例えば、労働者が会社から貸与を受けた情報端末であっても、それを使用して個人で開設したアカウントを使用してSNSやメッセージアプリで情報交換したり、労働者個人が契約するクラウドサービス上にデータを保管しているなどの場合で、労働者がIDとパスワードを用いてアクセスするクラウドサーバ等にデータを保管している場合、それらのデータにアクセスするには、労働者の承諾を得る必要があると考えられます。以下（2）で具体的に検討します。

（2） 私物の端末等内のデータ

労働者が個人で所有している情報端末を会社の業務に使用している場合、内部のデータを取得・解析するためには本人の同意が必要です。また、私物である以上、本人がデータの提出に同意しない場合に、強制的に提出させることはできません。

これに対して、就業規則等の中で、私物の情報端末を会社の業務に使用する場合に会社の許可が必要であるとしておき、調査等の必要がある場合に端末内のデータを取得・解析する場合があることに同意することを条件に許可を出すことが考えらえます。このような場合は、労働者の事前の同意があると考えられるので、提出を命じ、これに応じない場合には然るべき懲戒処分をすることができる余地があります。

同意を得て調査する場合でも、労働者の私物である機器内のデータを取得・解析するにあたり、機器内のデータを包括的に取得し、削除済データの復元やアクセス履歴の解析を伴うデジタル・フォレンジックを行う場合には、予期せず調査に無関係なプライバシー情報を取得してしまう可能性が高いといえます。この場合は、同意を取得するにあたって、端末内のデータを包括的に解析することについて明確な同意を取得するとともに、会社側もデータの目的外使用の禁止や秘密保持義務を負うことを明らかにした合意書面を作成することが望ましいでしょう。

また、デジタル・フォレンジックを外部業者に委託する際には、業者による情報管理にも注意が必要です。業者を選定するに際しては、高度な技術を有しており、適切な情報管理が期待できる業者を選定した上で、業者との間で秘密保持契約を含む適切な契約を取り交わして行うことが必要です。

（3）　クラウドサーバ上のデータ

会社から貸与された端末であっても、労働者がそれを使用してクラウドサービスを利用しているような場合、端末内には必要なデータが保管されていない場合があります。会社が不正調査のため、それら外部のクラウドサーバにアクセスすることは可能でしょうか。

労働者が個人でアカウントを開設し、個人でIDとパスワードを管理

しているような場合、たとえ貸与端末からクラウドサーバにアクセスしていたような場合であっても、労働者の同意なく外部のクラウドサーバにアクセスすることは不正アクセスに当たり、違法となる可能性があります（不正アクセス2④一・3）。貸与端末内の情報を解析する過程で偶然発見したIDとパスワードをもって外部サーバーにアクセスする場合も同様です。

この場合、労働者に情報端末を貸与する際に、端末内で個人的にクラウドサービスを利用することを禁止するとともに、仮に使用する場合にはIDとパスワードを届け出ることや、調査の必要が生じた場合に、クラウドサービス内のデータを解析する場合があることに同意させておくといった対応を取ることが考えられます。

（4） SNS上の投稿等

労働者がインターネットなどで不特定多数に向けて公開された情報を、調査のため取得する場合、原則として労働者の同意を得る必要はありません。

たとえ労働者が個人的に開設したSNSアカウントから発信されたものであっても、不特定多数に公開されているものであればプライバシー保護の必要は低く、労働者の同意なくそのような投稿から情報を得ることは可能であると考えられます。

これに対して、労働者がいわゆる鍵付きアカウントを利用し、公開対象を制限して発信した情報の場合は注意が必要です。

SNS内の情報には、本人の人種、信条、社会的身分、病歴、犯罪歴等の要配慮個人情報が含まれる可能性が高く、これらの情報は、本人の同意を得ずに取得することが原則として不可能な情報に当たります（個情20②）。

また、鍵付きアカウントの場合でも、本人の同意があれば閲覧が可能です。ただし、調査目的であることを隠して閲覧を許可させたり、

既に本人とフォロワー関係にあり、投稿を閲覧することができる他の労働者の協力を得るなどして、本人の同意を得ることなく、内容を確認したりすることは慎重に行う必要があります。

　少なくとも、調査対象者を欺く形で閲覧させることは、偽りその他不正の手段による個人情報の取得として個情法20条1項に違反する可能性があるため、避ける必要があります。また、鍵付きアカウントを閲覧可能な協力者から、情報提供を受ける場合も、調査に関連性のある投稿に限り提供させるなど、プライバシーを侵害しない工夫が必要です。

5　本人に調査に協力させることは可能か

　以上のように、労働者個人所有の情報端末等からの情報取得については、労働者から調査の同意を必要とすると考えられますが、労働者が調査に協力的でない場合に、どの程度の協力を要請することができるでしょうか。

　まず、不正の疑いの調査対象者本人については、原則として調査に協力する義務があると考えられます。仮に調査対象者が会社の要請に応じない場合、最終的な処分の場面で、調査に非協力的だったことを判断の根拠に加えることも考えられます。

　他方で、調査対象者以外の関係者については、調査に協力的でない場合に、業務上の指示として調査に応じるよう求めることが可能でしょうか。

　労働者による不正の疑いが生じた場合、会社は調査を行う当然の権利を有します。もっとも労働者としても、いつ、いかなる場合にも、当然に、会社の調査に協力すべき義務を負っているわけではありません。会社との間の労働契約上の義務として調査に協力する義務があるかどうかは、以下の要素を考慮して判断されます（前掲富士重工業事件＝最判昭52・12・13）。

① 調査を要請する相手方となる労働者が、他の労働者に対する指導・監督や企業秩序の維持を職責としており、調査に協力することが職務の内容になっているといえるか
② ①以外の者について、違反行為の性質、内容、当該労働者が違反行為を見分する機会と職務執行との関連性、より適切な調査方法の有無等諸般の事情から総合的に判断して、調査協力が労働提供義務の履行上、必要かつ合理的といえるか

これらの要素を考慮した上で、具体的な調査の内容との関係で労働者に協力に応じる義務がないと判断される場合には、調査への協力指示違反を理由として行った懲戒等の処分は無効と判断される可能性もあります。

第2章　企業における情報管理と労働者　　　223

　労働者が企業内の情報を漏えいした場合には、企業側は当該労働者に対してどのような対応を行うことができますか。

A　企業としては、労働者の秘密保持義務違反を理由に①損害賠償請求、②差止請求、③懲戒処分・普通解雇を行うことができます。また、漏えい行為が営業秘密の侵害行為に該当する場合には、④不正競争防止法に基づき、損害賠償や差止めの他、刑事告訴等を行うことが考えられます。

〔中山　達夫〕

解　説

1　情報漏えい等についての労働者に対する対応

　労働者が企業内の情報を持ち出したり、漏えいしたりした場合、企業としては、労働者の秘密保持義務違反として、①損害賠償請求、②差止請求、③懲戒処分・普通解雇が検討できます。また、営業秘密の侵害行為に該当する場合には、④不正競争防止法に基づく請求を行うことが考えられます。以下、検討します。

　なお、実務上は、その前提として、証拠を保全しておくことが重要ですが、具体的な問題点については、Q34を参照してください。

2　企業側の対応

（1）　損害賠償請求

　Q25で述べたとおり、労働者は、労働契約存続中、労働契約に付随する義務として、使用者の営業上の秘密を保持すべき義務を負ってい

ます。また、労働契約終了後（退職後）についても、就業規則や誓約書等によって秘密保持が定められている場合には、必要性や合理性の観点から公序良俗違反（民90）とされない限り、労働者は秘密保持義務を負います。

このため、労働者がこのような在職中又は退職後の秘密保持義務に違反した場合には、会社は労働者に対して債務不履行又は不法行為に基づき損害賠償請求が可能です（ダイオーズサービシーズ事件＝東京地判平14・8・30労判838・32など）。ただし、損害との因果関係の立証が必要でありこの点は精査が必要です。裁判例でも、情報漏えい行為について債務不履行と認定しつつも、会社の損害が立証されていないとして損害賠償請求が棄却された例があります（レガシィ事件＝東京地判平27・3・27労経速2246・3）。

（2） 差止請求

労働者が在職中又は退職後の秘密保持義務に違反した場合、情報・秘密が契約や就業規則等で具体的に特定されていれば、差止請求も可能と解されています（フォセコ・ジャパン事件＝奈良地判昭45・10・23判時624・78参照）。

（3） 懲戒処分・普通解雇（退職金の不支給）

在職中に秘密保持義務に違反した場合には、その内容によっては懲戒処分や普通解雇という対応もあり得ます（懲戒処分について古河鉱業事件＝東京高判昭55・2・18労民31・1・49、解雇について三朝電機事件＝東京地判昭43・7・16判タ226・127）。

懲戒処分・普通解雇を検討するにあたっては、特に、①情報の内容・性質・重要性、②会社の管理体制、③外部への流出の有無・実害の有無、④漏えいに至る経過・事情等の各事情の検討が重要です。

①については、漏えい等がされた情報ごとに内容・性質・重要性等を具体的に検討する必要があります。例えば、顧客情報を漏えいした

場合でも、顧客名だけを漏えいしたのか、それだけでなく、事業規模、仕入高、売上高、購入履歴なども漏えいしているのかなどを具体的に検討します。(4)で述べる不正競争防止法の定める営業秘密に該当する機密情報を故意に漏えいしたようなケースは原則として懲戒解雇が相当ですが、不正競争防止法の定める営業秘密に該当しなくとも有用・非公知の重要な情報であれば懲戒解雇が可能とされた例もあります（伊藤忠商事ほか事件＝東京地判令4・12・26労経速2513・3）。

②については、情報管理に関する規程の策定・整備の状況、運用実態（外部からの電子媒体の持込みの禁止、PCのパスワードロック、定期的なパスワードの変更、サーバー内のデータのアクセス権限の限定等）、教育・研修の実施状況などが問題となります。

③については、インターネット等への拡散状況、第三者からの損害賠償請求の有無、マスコミ報道の有無などが問題となります。この点について、機密情報が流出した場合には金銭的損害が生じても立証が困難であること、損害賠償による事後的救済が実効性を欠くことを踏まえ、情報漏えいの事実がなくとも懲戒解雇を有効と判断した裁判例もあります（前掲伊藤忠商事ほか事件）。

④については、情報の入手方法、漏えいの動機・目的、方法、投稿者の地位などが問題となります。

以上の各事情に照らして、懲戒処分の量定等や普通解雇とすべきかを検討します。

また、懲戒解雇に相当する重大悪質な漏えい行為といえる場合には、（私生活上の非行ではなく）企業に対する直接かつ著しい背信行為であるため、退職金不支給も相当とされるのが通常です。近時の裁判例でも、労働者が対外秘である行政通達等を無断で多数持ち出して出版社等に漏えいしたため、当該労働者を懲戒解雇として退職金も不支給とした事案で、懲戒解雇を有効とするとともに、退職金についても「懲

戒処分のうち懲戒解雇の処分を受けた者については、原則として、退職金を不支給とすることができると解される。ただし、懲戒解雇事由の具体的な内容や、労働者の雇用企業への貢献の度合いを考慮して退職金の全部又は一部の不支給が信義誠実の原則に照らして許されないと評価される場合には、全部又は一部を不支給とすることは、裁量権の濫用となり、許されない」と述べた上で、情報の重要性に加え、雑誌やSNSに掲載されて現実的被害が生じていること、金融業・銀行業を営む企業の信用を著しく毀損する行為であること等を踏まえて、退職金不支給も適法としたものがあります（みずほ銀行事件＝東京高判令3・2・24判時2508・115、なお前掲伊藤忠商事ほか事件も結論として退職金全額不支給はやむを得ないとして退職金支払義務を否定しています。）。

（4）　不正競争防止法に基づく請求

Q26で述べたように、不正競争防止法における営業秘密については、不正取得行為や、不正取得行為が介在したことを知った上での情報の使用や開示等が「不正競争」とされます。

そして、「不正競争」に該当した場合には、差止め（不競3①）、損害賠償（不競4）などの請求が可能です。また、一定の侵害行為については刑事罰も設けられています（不競21）。

近時、転職時に営業秘密を持ち出したことを理由に、情報の持出者だけでなく転職先の企業も含めて不正競争防止法違反による刑事事件になった例も出てきています。Q26でも述べたように、他社からの秘密情報の流入を防止するとともに、不正競争防止法違反の責を負わないようにするためには、転職先においても、転職者と雇用契約を締結する際に、前職の勤務先における営業秘密の不正取得がないことや、営業秘密を持ち込んでいないことを確認する旨の誓約書を取得することが重要です。

第2章　企業における情報管理と労働者

Q36 退職勧奨の対象となる労働者や、退職が予想される労働者に対して、社内システムのアクセス権限をはく奪したり、一定の場所への立入りを禁じたりすることはできますか。

A 退職予定者については、機密情報の持ち出しの可能性が、一般社員よりも高いことは否定できません。そのため、在職中から会社のサーバーへのアクセス制御を変更し、機密情報にアクセスできないようにすることや貸与していたIT機器の返還を求めることについては、情報管理の観点から合理性があると考えられます。

　しかし、退職の意思は明確にしていないが、企業側に対して不満を抱いていると思われる労働者に対する扱いについては慎重に行うべきです。

〔安藤　広人・犬飼　貴之〕

解　説

1　情報管理と退職者

労働者が企業内の機密情報を持ち出す事例は後を絶ちませんが、機密情報の持ち出しの事例の中でも、退職者による事例が占める割合は高いものになっています。退職者が機密情報を持ち出す理由としては、自己の処遇に対して不満を抱いていること（正当化）や、ライバル企業に転職する際に、自分の価値を高めようとすること（動機）が挙げられます。そこで、企業側としては、情報管理の見地から、①退職予定者や、②退職の意思は明確にしていないが、企業側に対して不満を抱いていると思われる労働者に対して、通常と異なる体制での情

報管理を実施したいと考えることが想定されます。以下、それぞれ解説します。

2　企業秩序・服務規律と情報管理

　企業は、その存立と事業の円滑な運営を図るため、企業秩序を定立することができると考えられています。具体的には、企業は、「企業秩序を維持確保するため、これに必要な諸事項を規則をもって一般的に定め、あるいは具体的に労働者に指示、命令することができ、また、企業秩序に違反する行為があった場合には、その違反行為の内容、態様、程度等を明らかにして、乱された企業秩序の回復に必要な業務上の指示、命令を発し、又は違反者に対し制裁として懲戒処分を行うため、事実関係の調査をすることができる」とされています（富士重工業事件＝最判昭52・12・13判時873・12）。

　この点、企業が扱う様々な情報の重要性を考えると、情報セキュリティを確保するという目的は非常に重要なものであるといえます。そして、情報セキュリティを確保するために、企業が労働者に利用させているIT機器の取扱いについて社内規則を設けて、従業員に遵守させることは、前述の企業秩序定立権の一内容として認められるものと考えられます。

　もっとも、労働者はあくまで雇用契約の下で企業との関係が規律されるものであって、企業の一般的な支配に服するものではありません。そのため、企業側の秩序定立権に基づく、規則等の制定や業務上の指示、命令についても、当然に無制限に認められるものではなく、強行法規違反に当たる場合や、労働者の人格権を侵害するような内容を含む場合には、不法行為や公序良俗違反等として、違法・無効となることもあります。

3 退職予定者等に対する特別な取扱いの可否

（1） 退職予定者の取扱い

退職予定者については、前述のとおり、機密情報の持ち出しの可能性が、一般社員よりも高いことは否定できません。そのため、在職中から会社のサーバーへのアクセス制御を変更し、機密情報にアクセスできないようにすることや、貸与していたIT機器の返還を求めることについては、情報管理の観点から合理的であると考えられます。したがって、そのような対応を定めた社内規則の制定や指示・命令は、強行法規に違反したり労働者の人格権を侵害したりするような措置であるとはいえず、通常は、違法・無効となるものではないと考えられます。

（2） 企業側に不満のある労働者の取扱い

もっとも、一番難しいのが、「退職の意思は明確にしていないが、企業側に対して不満を抱いていると思われる労働者」に対する扱いです。企業側に対する不満がある労働者については、機密情報の持ち出しのリスクが高まっている可能性が高く、企業側としても、できれば、機密情報等へのアクセスの制限やIT機器の社外への持ち出し禁止などを求めたいところです。

しかし、一方で企業側は労働者に対して、労働者がその意に反して退職することがないような職場環境を整備する義務を負うとする裁判例（エフピコ事件第一審＝水戸地下妻支判平11・6・15労判763・7）があり、また、企業側が労働者側の正当な権利行使に対する報復として配置転換や他の職員からの隔離を行った事例について、配置転換命令が違法・無効であるという、企業側に厳しい判断がなされています（松蔭学園事件＝東京地判平4・6・11判時1430・125及び東京高判平5・11・12判時1484・135、パナソニックプラズマディスプレイ事件＝最判平21・12・18判時2067・152等）。

加えて、人員の削減等を目的として行う退職勧奨についても、企業

側が労働者側の自由な意思の形成を妨げ、労働者の人格的利益を侵害する態様で行うことは、不法行為となると考えられています。これらの退職勧奨に関する論点は、前述の企業秩序定立権の限界に関する論点と直ちにリンクするわけではありませんが、「退職の意思は明確にしていないが、企業側に対して不満を抱いていると思われる労働者」との関係で、不必要又は過剰な対応を行うと、情報管理以外の目的（報復目的等）が推認されてしまい、当該対応が違法・無効になりやすいことを表しているといえます。

したがって、退職の意思を表明していない段階における、IT機器の利用制限等については、その必要性の有無や、手段が最小限度かどうか等を検討し、情報管理以外の目的を推認させるような手段はとらないなどの検討が必要です。

例えば、当該労働者がそもそも機密情報にアクセスできない環境にある場合には、最初から機密情報の持ち出しのおそれがないので、サーバーへのアクセスそのものを制限することには必要性がなく、情報管理以外の意図（報復目的等）を推認されかねません。また、IT機器の持ち出しの制限で足りるところを使用を禁じた場合についても、手段が最小限度になっておらず、情報管理以外の意図（報復目的等）を推認されかねません。よって、そのような対応を定めた規則の制定や指示・命令は、強行法規に違反したり労働者の人格権を侵害したりするような措置であると判断されるおそれがあり、違法・無効となるおそれがあると考えられます。

一方で、日常行っているモニタリング（Q31参照）を当該労働者に限って強化することは、当該労働者に直接影響を及ぼすものではなく、情報管理の目的があると認められやすいと考えられます。よって、そのような対応を定めた規則の制定や指示・命令は、強行法規に違反したり労働者の人格権を侵害したりするような措置であるとはいいづらく、違法・無効にはなりにくいと考えられます。

第2章　企業における情報管理と労働者

Q37　退職した労働者が、会社の情報資産を自身が所有するUSBに保存して外部に持ち出していたことが判明しました。どのような対応をするべきでしょうか。

A　持ち出された情報が何かを特定するとともに情報資産をダウンロードしたログ等が残っていないかを確認し、当該労働者に連絡を取りヒアリング等を実施して事実の確定をすることが重要です。場合によっては退職金の減額や返還請求、損害賠償請求等をすることが考えられます。

〔丸田　颯人〕

解　説

1　事実確認の方法

　退職した労働者の不正については、最終的な目標としては退職金の一部又は全部の不支給や、既に支払ってしまった場合にはこれの返還請求をすること（以下これらを「退職金不支給等」といいます。）、持ち出した情報資産の拡散により会社に損害が発生した場合に秘密保持義務違反を理由とする賠償請求をすること及び不正競争防止法違反等により刑事告訴することなどが考えられますが、まずはその前提となる事実関係（いつ、誰が、どこから、どのような方法で、誰に対して、どのような目的で、どのような情報を漏えいしたのか）を正確に把握することが重要です。以下、本問で情報資産の持ち出しをしたとされる労働者を「被疑労働者」、情報資産の持ち出し行為を「持ち出し行為」といいます。

　事実関係の把握にあたっては客観証拠と供述が収集すべき重要な証

拠となります。以下ではこれら二つについての収集方法について解説します。その後、集めた証拠関係から認定した事実に基づき、法的にどのような対応をすることができるかを2で検討します。

(1) 客観証拠の収集

ア 確認事項

本問にあるような情報資産の持ち出し事案において確認すべき事実としては下記のような点が考えられます。

① 被疑労働者への退職金支払の有無並びに早期退職手当等の退職金とは別途退職時に支払われる金銭的手当の有無及び支払状況の確認
② 退職時に会社の情報資産を持ち出すことが退職金の減額・没収や返還請求の根拠となるような規則や退職時の合意書の有無
③ 持ち出しが懸念される情報資産の量・範囲・時期等の特定
④ ③で特定した、持ち出しが懸念される情報資産が外部に拡散されることによって会社に生じる影響の大きさ
⑤ 考えられる持ち出しの態様と持ち出し行為のログ・関係する電子メールや監視カメラの映像等の有無

退職金が既に支払われてしまっているか、まだ支払っていないかによってその後の被疑労働者への対応の法的構成が変わってきますので（後記2参照）、退職金の支払状況を確認することが重要です。その他の早期退職手当のような、退職時に支払われるが退職金とは区別されるものについても、その法的性質が退職金とは異なってくる場合があるので、これについても支払の有無及び支払状況を確認することも同様に重要です（①）。

最終的な目標である退職金不支給等を実施するにあたっては、その根拠となるような規則や合意が必要です。このように合意書や規程等で労働契約を規律することなく退職金の不支給等をすることはできません。

例えば退職時合意書に、「会社の情報資産をいかなる態様においても保有していないこと」を表明させ、これを退職金や早期退職手当等の条件とするという運用をしている場合には、当該条件違反を理由に退職金減額等をすることが考えられます。もちろん退職金規程等で、同様の条件を定めることでも差し支えありません。

一方、秘密保持義務違反を理由とする損害賠償については、労働者は明示的な特約がなくても、信義則上、労働契約終了後も秘密を漏えいしない義務を引き続き負っていますし（大阪高判平6・12・26判時1553・133）、明示的な特約があれば当該特約に基づいて秘密保持義務を負うことになります。ただし、明示的な特約がある場合も労働者の職業選択の自由や営業の自由を保障する観点から、秘密保持義務の範囲が制限される場合もあります（東京地判平20・11・26判時1293・285、東京地判平14・8・30労判838・32）ので、規則や合意においてどのような定めがなされているかはよく確認しましょう（②）。

①・②のような前提条件を確認したら、いつ・何が持ち出された可能性があるのかを明確にすることが重要です。退職金不支給等を実施するにあたっても、具体的にどの情報資産の持ち出しを理由とするのかは特定すべきですし、持ち出された情報資産が拡散することによって会社に生じる影響の大きさを正しく分析する上でも前提となる事実ですので、ここはできる限り特定しましょう。持ち出された可能性のある情報資産の性質や量によっては、個情法上の「漏えい」（個情26①）に該当する可能性があり、対応事項が変わってきますので特に慎重な検討を要します（③）。この関係では、要配慮個人情報が含まれる個人データの漏えい等（又はそのおそれ）、不正に利用されることにより財産的被害が生じるおそれがある個人データの漏えい等（又はそのおそれ）、不正の目的をもって行われたおそれがある個人データの漏えい等（又はそのおそれ）、個人データに係る本人の数が1,000人を超える

漏えい等（又はそのおそれ）については漏えい等報告が義務付けられている（個情26①、個情規則7）ことに注意が必要です。

加えて、持ち出された可能性のある情報資産がダークウェブに拡散されたり、競合他社に流出したりした場合などに、自社にどのような、どの程度の損害が生じるかについては検討を早期に開始することが望ましいです。最終的に行う可能性のある、被疑労働者に対する損害賠償請求や退職金不支給等をする場合の基準となりますし、刑事告訴するかどうかの判断目安にもなります（④）。

⑤は証拠収集において最も重要なステップですので、以下で項を変えて解説します。

　イ　ログ・電子メール等の収集のポイント

本項では情報の持ち出しを調査するにあたり、特に重要なログ・電子メール等の収集のポイントについて説明します。その他の客観証拠の収集についてはQ34を参照してください。

　　（ア）　ログの収集

持ち出しが懸念される情報資産の量・範囲・時期等の特定方法（前記ア③）にも関連しますが、会社のシステムとして、情報のダウンロードのログがいつからいつまで、どの程度詳細に残るようになっており、どこまで収集することができるかは極めて重要です。被疑労働者をヒアリングで追及する場合においても、ログの有無によって被疑労働者に情報資産の持ち出しを認める供述を引き出す難易度が全く異なってきます。

ログが残っている可能性がある保管先としては、会社サーバー、被疑労働者に貸与していた会社PC、被疑労働者の個人PCが考えられます。会社サーバーのログであれば当然に会社が自由にログを取得することができます。被疑労働者に貸与していた会社PCも会社の所有物ですので当該PCのローカルに保存されている情報については所有権

ないし会社の施設管理権の行使としてこれを取得することが可能です。一方で、被疑労働者の個人PCについては会社の所有権や施設管理権は及びませんので当然に当該PCに保存された情報を取得することはできず、任意での調査への協力を要請することになります。

ログの確認ポイントとしては以下のような点が考えられます。
① 持ち出しが懸念される情報資産に対して、ダウンロードやコピー等、どのような操作がされたのか
② その操作がされたのはいつか
③ その操作はどの端末、アカウント、IPアドレスから行われたのか
④ ダウンロードはどこからどこへ行われたのか
⑤ USBがダウンロード先として疑われる場合は、どの端末にどのUSBが挿入されたのか

被疑労働者に貸与していた会社PC等に証拠となるデータが残っている場合には、当該データを破壊・消去して証拠隠滅を図る可能性が高いため、当該PC等についてはできる限り早期に回収し、そのデータを保存する必要があります。

　　（イ）電子メールの収集

持ち出し行為の態様としては、会社PCを利用して会社サーバーから情報資産をダウンロードして個人PCにメールで送信したり、又は会社内で送受信したメールをそのまま個人PCに転送したりすることが考えられます。これらは①個々の労働者に会社が割り当てた業務用メールアカウント（outlookなど）を使用する場合と、②労働者が個人的に使用している私用メールアカウント（gmailなど）を使用する場合が想定されます。そこで、被疑労働者が使用している会社PCの①②のアカウントにおける電子メールのデータを取得することが考えられます。

まず、前提として使用者は私用のための通信を社内規程において禁

止することができ、そのような規程がなくとも労働者は企業の業務用機器を私的な用事のために使用することは差し控えるべきであり、特に労働時間中は職務専念義務との関係からそうであるとされています（ただし、勤務に付随した軽微な私的利用は、労働生活に必然的に伴うものとして社会通念上許容されることがあり得ます。)。

通説によれば、使用者が私的使用の有無・程度について、問題が発生した場合に点検できるかについては、社内規程においてその権限を明らかにしておけば、労働者はプライバシーのない通信手段として日頃から使用することとなるので、可能となり、その権限が規定されていない場合には、使用者は企業秩序違反の有無の調査に必要である場合など、事業経営上の合理的な必要性があり、その手段方法が相当である限り許容されることとなるとされています。裁判例では、セクシュアルハラスメントや誹謗中傷メールの苦情についてその真偽や程度・態様を調査するために、労働者の送受信したメールを企業が点検した行為が、このような観点から適法とされています（F社Z事業部事件＝東京地判平13・12・3労判826・76、日経クイック事件＝東京地判平14・2・26労判825・50)。

被疑労働者による持ち出し行為の可能性がある場合には当該労働者の会社PCによる電子メールのデータを取得することには通常事業経営上の合理的な必要性があるといえますので、時期を区切ったりキーワード検索等により確認する電子メールを限定したりするなどして、手段方法の相当性を確保できるように留意すれば、少なくとも①の個々の労働者に会社が割り当てた業務用メールアカウント（outlookなど）から送受信された電子メールについては適法に収集することが可能です。

一方で、②の労働者が個人的に使用している私用メールアカウント（gmailなど）から送受信された電子メールについては、会社がログインのためのパスワードを管理していませんし、そもそもその存在すら把握することは困難です。したがって、これらの電子メールを調査するためには労働者の協力が不可欠になります。②についても調査する場合には、労働者に私用メールアカウントを教えてもらい、これにログインしてもらう必要がありますが、会社にログインを強制されたなどと後から言われないようにするために、承諾書に署名してもらうなどの対応をしておくことが望ましいです。また、私用メールアカウントには、会社の業務とは無関係のプライベートのメールも多数含まれていると考えられるため、確認するメールは必要な範囲に限定するとともに、確認するのは第三者である弁護士だけにするなど、調査の手段方法の相当性を確保するために一層の配慮が必要であると考えられます。

（2） ヒアリング

　ア　ヒアリングの実施

（1）に記載したような客観証拠の収集をある程度行った段階で、被疑労働者やその他事情を知っていそうな関係者へのヒアリングを開始します。このとき、関係者が複数いる場合には最初から被疑労働者にヒアリングをするよりも、その他の関係者からヒアリングを実施していき、証拠を固めてから被疑労働者のヒアリングに臨むことが一般的です。

ヒアリングの際は必ずしも質問事項を詳細に作り込む必要はないですが、いつ、誰が、どこから、どのような方法で、誰に対して、どのような目的で、どのような情報を漏えいしたのかについて確認できるように意識しましょう。被疑労働者のヒアリングの際は、どのような

目的で漏えいしたのかという主観的な意図についても十分に確認するようにしましょう。後述する営業秘密侵害の中には「図利加害目的」（不正の利益を得る目的又はその保有者に損害を加える目的）が要件になっているものもありますので、このヒアリングで得られた主観的な意図に関する被疑労働者の供述は、後日法的手段を採る際に「図利加害目的」を基礎づける証拠となります。証拠化にあたってはヒアリングを録音しておくか、ヒアリング結果を書面にまとめておくことが望ましいです。この関係では、秘密録音も原則として民事裁判では証拠能力が認められていますが、紛争になるのを避けるために、なるべく被聴取者の同意はとった上で録音することが望ましいです。ヒアリングで聴き取った内容を正確かつ分かりやすく書面にまとめることは意外と難しいので、少なくとも被疑労働者へのヒアリングは弁護士等の専門家に実施してもらうか、同席をしてもらった方がベターです。ちなみに、被疑労働者へのヒアリングで、当該被疑労働者が不正行為を自白した場合には、供述内容をまとめて、当該内容に相違ないことの確認をする書面をその場で作成し、後から供述を覆されないようにしておくということも考えるべきです。このような、その場での対応が必要になり得ることも考えると、やはり弁護士等の専門家の助力は得ておいた方がよいでしょう。

　イ　ヒアリング後の対応

　ヒアリングは1回実施して終わりというわけではなく、その後も継続して実施したり、ヒアリング後もその裏付け調査のために客観証拠の収集が必要となる場合が多いです。そこで、ヒアリング対象者に対してはヒアリング実施後の調査に継続して協力し、証拠となり得るデータ等を削除しないことを誓約する誓約書の作成を求めることも考えるべきです。

2　考えられる法的な対応

　上記1に記載したような客観証拠や供述証拠を収集し、被疑労働者による不正行為について認定ができる目処がついたところで、認定した事実に基づいてどのような法的な対応をすべきか検討することになります。一般的には、①退職金・割増退職金の一部若しくは全部の不支給又は相当額の返還請求、②不正行為により発生した損害についての賠償請求及び③刑事告発があり得ると考えられます。以下では、①～③のそれぞれについて法的なポイントを解説しますが、退職者による不正に固有の論点である①について特に詳しく解説します。

　（1）　退職金・割増退職金の一部若しくは全部の不支給又は相当額の返還請求

　退職金と割増退職金は後述のとおり法的性質を異にしていますので、以下ではそれぞれについて個別に検討します。

　　ア　退職金

　退職金は一般に賃金の後払い的性質と功労褒賞的性格を有しているとされており、そのような性格に照らせば、懲戒解雇に伴う退職金不支給規定を適用できるのは、労働者のそれまでの勤続の功を抹消ないし減殺してしまうほどの著しく信義に反する行為があった場合に限られると解されています（日本高圧瓦斯工業事件＝大阪高判昭59・11・29労民35・6・641、旭商会事件＝東京地判平7・12・12労判688・33、大阪高判平10・5・29判時1686・117等）。そして、在職中の懲戒解雇事由が任意退職後に判明した場合においては、就業規則上の「懲戒解雇に相当する行為があった場合」との退職金支給規定を適用して行う不支給についても、同様に解すべきこととされており、懲戒解雇には至らない懲戒事由が退職後に判明し、退職金を減額する場合も同様であると考えられます。

なお、本項との関係では、退職直前に顧客データを競業他社に移動するなど、懲戒解雇事由にも相当する重大な背信行為があったとして退職金請求を権利の濫用にあたるとした裁判例（東京地判平12・12・18労判803・74）も参考になります。

イ　割増退職金

上記の退職金とは別に、人員整理策の一環として、労働者に早期退職を奨励し、退職する者に割増退職金を支給する制度を設けている会社も多いですが、このような早期退職制度の適用を受けた上で退職した労働者について持ち出し行為が発覚した場合、この割増退職金についての扱いはどうすべきでしょうか。

最高裁平成19年1月18日判決（判時1980・155）によれば、割増退職金は早期の退職の代償として特別の利益を付与するという性質を有するものとされており、退職金とはその法的性質が異なることが明らかにされています。そして、（退職後に競業他社に転職したという事例であり当然には持ち出し行為の事例に射程が及ぶとはいえないものの、）東京地裁平成17年10月3日判決（労判907・16）によれば、早期退職制度の「適用申請者に適用を認めないことが信義に反すると認められる特別の事情がある場合には、信義則上、適用申請の承認を拒否することは許されない」とされていることからすれば、割増退職金の全部又は一部の不支給については、少なくとも、退職金におけるような厳しい基準ではなく、早期退職制度の適用申請者に適用を認めないことが信義に反すると認められる特別の事情があるかどうかという観点から検討することで足ると考えられます。

（2）　不正行為により発生した損害についての賠償請求

情報資産の持ち出し行為などの不正行為により会社が損害を負った場合には、損害賠償請求をすることが考えられます。

損害賠償請求の根拠としては二つあり得ます。一つ目は民法709条に基づく請求であり、これは一般的な根拠規定です。二つ目は不正競争防止法4条に基づく請求であり、会社が「不正競争」(不競2①) により損害を被った場合に請求することが可能です (なお、損害賠償との関係では、同法は民法の特別法になりますが、どちらの規定に基づく請求もすることが可能です。)。情報資産の持ち出し行為との関係では、営業秘密不正取得行為 (不競2①四) による不正競争により損害を被った場合に同法に基づく損害賠償請求をすることが考えられます。具体例としては「営業秘密が記録されたUSBメモリを窃取する行為、営業秘密が記載された紙媒体を複写して取得する行為、営業秘密保有者のサーバーに保存されている営業秘密が記録された電子データに不正にアクセスしてメールで自己のパソコンに送付して取得する行為、営業秘密保有者の会話や会議等を盗聴や電波傍受等で盗み聞きする方法で営業秘密を取得する行為等」があります (経済産業省知的財産政策室編『逐条解説不正競争防止法〔第三版〕』99頁 (商事法務、2024))。

同法に基づく損害賠償請求の場合、民法上の請求と異なり、損害額の推定 (不競5) や技術上の秘密を取得した者の当該技術上の秘密を使用する行為等の推定 (不競5の2) がなされる点が重要です。

(3) 刑事告発

上記のような民事上の対応の他、被疑労働者の行為は営業秘密領得罪 (不競21③) 等を構成するとして刑事告発することも考えられます。もっとも、刑事告発をしても会社に発生した損害が回復するわけではなく、警察対応等のコストもそれなりに発生しますし、会社の情報資産の持ち出しが公になることで、むしろ会社の情報資産の管理体制が悪かったのではないかなどと会社のレピュテーションが毀損するおそれもありますので、刑事告発をするかは慎重に考えるべきです。

advice

〇ヒアリングのポイント

　本文で、「関係者が複数いる場合には最初から被疑労働者にヒアリングをするよりも、その他の関係者からヒアリングを実施していき、証拠を固めてから被疑労働者のヒアリングに臨むことが一般的です。」と書きましたが、これについて、筆者の感覚としては以下のような理由からだと思います。

　ヒアリングの際は、客観証拠で得られた「点」の情報を、供述証拠により「線」で結んだ上で、聴取者としてある程度の仮説を持って臨むことが重要です。客観証拠の他に、あらかじめ被疑労働者以外の関係者からある程度の供述証拠を得ておいて仮説を構築し、これを被疑労働者に当てて仮説に間違いがないかを検証するというイメージで実施すると効率的です。最初からいきなり被疑労働者に話を聞いて、その内容が他の関係者の供述と齟齬しないか確認し、齟齬がある場合に再度被疑労働者に話を聞くというやり方もあり得ますが、疑われている被疑労働者が何度もヒアリングに協力してくれるかは分かりませんし、何度も聞くことで無意識のうちに事実を曲げて自分の以前の供述内容に合うような供述ばかりするようになったり、態度を硬化させていったりすることが往々にしてあり得ますので、本星である被疑労働者へのヒアリングは、他の関係者のヒアリングを実施した後に行う方がベターであると思います

　（ただし、本文にも記載したように証拠隠滅のおそれがあるため、客観証拠を押さえるための被疑労働者への働きかけは早期に行うべきです。）。

第2章　企業における情報管理と労働者　　　　243

　従業員がSNSを利用していますが、社員の私的な情報発信を制限することができるのでしょうか。

A　SNSにおいて、不適切な投稿により、インターネットが炎上することが散見されます。これにより、会社にも影響が生じる（会社が対応を迫られる）こともあり得ますので、就業規則、ガイドライン、契約書・誓約書において、SNS利用に関しての注意事項等を定めておくことが重要です。ただし、SNS利用は個人の自由であることに留意する必要があります。

〔永田　充〕

> 解　説

1　従業員のSNSの利用に関して起こり得る問題

　現在、多くの人々がSNSを利用していますが、不適切な投稿によって、多数の批判を受け炎上するなどのトラブルが発生することが度々、見受けられます。例えば、社員が写真をアップロードしたところ、当該写真に会社の顧客の秘密情報が記載された紙が写りこんでしまっており、会社が謝罪に追い込まれる事例や、飲食店において、アルバイトが厨房内の食器洗浄機に入った写真をSNSに投稿し、当該飲食店に苦情が殺到し、その結果、営業困難になり、倒産する事例などがあります。

　このように、従業員のSNS利用により、会社が謝罪などの対応を迫られたり、場合によっては、倒産に追い込まれることもあり得ることから、従業員のSNSの利用について、使用者はトラブルを防止するための方策を講じることが重要となります。

2 SNS利用によるトラブル防止のための方法

　従業員のSNS利用に関して、トラブル防止のための方法としては、SNSの利用を禁止する、又は制限する社内規程を設け、規程に従わなかった従業員を懲戒することが考えられます。しかし、SNSの利用は、従業員が私生活において行うものであり、従業員の自由に委ねられるべきであるといえることから、そもそも社内規程等によりSNSの利用を禁止したり、制限したりすることが可能か、また、仮に社内規程に違反した場合に懲戒できるかについて検討する必要があります。

（1）　SNS利用規程の整備

　まず、「使用者が労働者を懲戒するには、あらかじめ就業規則において懲戒の種別及び事由を定めておくことを要する」（最判平15・10・10判時1840・144）とされていますので、就業規則において、SNS利用によりトラブルが発生した場合に懲戒処分とする旨、及びその場合の懲戒処分の内容を定めておく必要があります。

　したがって、SNS利用規程等を定めて就業規則とするか、社内規則とした上で、就業規則に当該社内規程の違反についても懲戒処分の対象とすることを明記する必要があります（なお、就業規則と社内規則との関係については、Q27を参照してください。）。

　なお、就業規則は合理的なものである必要があり（労契7）、社内規則についても同様に合理的なものである必要があります。そこで、SNS利用規程の内容としても、私生活においてSNSを利用すること自体を禁じることは、過度に規制をするものであり、合理性がないと考えられます。

（2）　懲戒処分の可否

　次に、従業員がSNS利用規則に違反した場合には、当該従業員に対して懲戒処分を科すことを検討することになります。もっとも、SNSの利用は従業員の私生活上の行為ですので、私生活上の非違行為につ

いて、懲戒処分を行うことができるのかが問題となります。

　この点、従業員の私生活上の言動を懲戒処分の対象とできるのは、①事業活動に直接関連性を有する場合や、②企業の社会的評価を毀損する場合に限られるとするのが通説的な考え方です（菅野和夫＝山川隆一『労働法［第13版］』665頁（弘文堂、2024））。

　また、労働契約法は、懲戒が、「当該懲戒に係る労働者の行為の性質及び態様その他の事情に照らして、客観的に合理的な理由を欠き、社会通念上相当であると認められない場合」には、無効であるとしています（労契15）。

　したがって、SNS利用規程に違反した場合であっても、懲戒処分をなし得るのは、①顧客の情報や企業内の情報をSNSに投稿した場合や、②SNSで会社に対する誹謗中傷を内容とする投稿を行った場合などに限られるべきです。

Q39 派遣、出向、請負・業務委託等による労務提供を受ける場合、情報管理の観点からどのような点に留意が必要でしょうか。

A 労務提供の形態によっては、特別な規制等が適用されるため、それぞれの法的性質を踏まえて情報管理を行わなければなりません。特に、派遣や請負・業務委託のように、労務従事者との間に雇用関係がない場合、当然には自社のセキュリティポリシー等の適用対象にもならないため、その労務提供の形態に応じた取決め等が必要となります。

〔櫻井　駿〕

解説

1　情報管理の重要性

　派遣労働者や委託先の従業員といった正規雇用の従業員以外の者であっても、自社の情報を取り扱うのであれば、適切な情報管理が必要となります。例えば、自社が個人情報取扱事業者となる場合、安全管理措置の一環として従業者の監督をしなければなりませんが（個情24）、対象となる従業者には、派遣労働者や出向者も含まれます（個情GL（通則編）3-4-3）。また、個人データの取扱いを委託する場合も、委託先に対し、自らが講ずべき安全管理措置と同等の措置が講じられるよう監督しなければなりません（個情25）。これらの安全管理措置に関する各義務に違反した場合、個人情報保護委員会から報告要求・立入検査（個情146）、指導・助言（個情147）、勧告等（個情148）がなされるおそれがあるとともに、情報主体である本人等からも、不法行為責任や債務不履

行責任を追及されるおそれがあります。

　他社の秘密情報についても、派遣労働者や委託先の従業員に開示した場合、適切な管理監督をしていなければ、漏えい等の際に不法行為責任や債務不履行責任を追及されるおそれがあります。このほかにも、派遣労働者や出向者が、金融商品取引法における重要情報に関し、自社の業務としてインサイダー取引を行った場合は、会社自身が罰則の対象となるおそれもあります（金商207①二）。なお、不正競争防止法における営業秘密侵害罪については、正当に示された営業秘密を派遣労働者等が不正に使用等した場合であっても、使用者となる法人は罰則の適用対象外となっています（不競22参照）。

2　情報管理に関する規律の適用
（1）　個別の取決めの必要性

　Q21のとおり、労働者派遣、出向や請負・業務委託等のように、単純な雇用関係に基づかない形態で労務提供を受ける場合、特別な規制等が適用されることがあります。そのため情報管理に関しても、それぞれの法的性質を踏まえて、具体的な管理の方法を考える必要があります。

　特に、労働者派遣や請負・業務委託については、労務提供を受ける側と実際の労務従事者との間に雇用関係がないことから、雇用契約に基づく守秘義務が認められないことに加えて、正規雇用の従業員と同様の方法で管理できないことがあります。そのため、別途、労務従事者やその雇用主（派遣元や委託先）との間で、必要な情報管理に関する取決めをしておく等の対応策が考えられます。なお、派遣労働者については、派遣法に基づく守秘義務が課されはします（派遣24の4）。

（2）　セキュリティポリシー等の適用方法

　就業規則は、労働者の就業上遵守すべき規律等を定めた規則類の総

称であり、情報管理に関する遵守義務を定める社内規程も含み、性質上、雇用関係がない派遣労働者や委託先の従業員に直接適用することができません。そのため、自社で定めている情報管理規程やセキュリティポリシー等を事実上適用しようとするのであれば、派遣元や委託先との契約において、派遣労働者等に同様の事項を遵守させる義務等を定めることが考えられます。ただし、請負・業務委託については、偽装請負と評価されるのを避けるためにも、自社の情報管理のために必要な範囲で遵守義務等を定めるのが穏当です。

この点については、厚生労働省の「「労働者派遣事業と請負により行われる事業との区分に関する基準」(37号告示)に関する疑義応答集(第2集)」の問11の回答にも、「請負事業主の業務の効率化、各種法令等による施設管理や安全衛生管理の必要性等合理的な理由がある場合に、結果的に発注者と同様の就業時間・休日、服務規律、安全衛生規律等となったとしても、それのみをもって直ちに労働者派遣事業と判断されることはありません。」との記載があります。

また、雇用関係のある出向者であれば、就業規則を直接適用できますが、出向元の就業規則との適用関係を明らかにしていない場合、自社の社内規程等の適用範囲が不明確になるおそれがあります。そのため、具体的に遵守させたい社内規程等がある場合には、出向元との出向契約であらかじめ明示しておくべきでしょう。一般的には、出向契約に特段の定めがない場合、服務規律・安全衛生等の労務提供に関わる労働条件については出向先の就業規則が、退職・懲戒解雇等の労務提供に関わらない労働条件については出向元の就業規則が適用されると解釈されています。

(3) 誓約書の提出

前述のとおり、雇用関係がない派遣労働者や委託先の従業員に就業規則を直接適用することができないこともあり、実務上、労務従事者

から秘密保持義務等を盛り込んだ誓約書を提出させることがあります。もっとも、誓約書の内容や提出態様によっては、偽装請負や黙示の雇用契約の成立、さらには労働組合法上の使用者として派遣先や委託元が認定される可能性もないとはいえず、全く自由に行えるわけではないことに注意すべきです。

例えば、Q21のとおり、委託先の従業員から委託元を宛先とする誓約書を直接取得する場合、偽装請負と評価される可能性があります。また、派遣労働者から誓約書を取得する場合であっても、まずは雇用主である派遣元宛ての誓約書の写し等について、派遣元から提供してもらうことを検討すべきです。仮に、派遣労働者から派遣先宛ての誓約書を直接提出してもらう場合、派遣先と派遣労働者間に雇用契約がない以上、これを強制することはできないと考えられ、誓約書違反に係る懲戒処分等を派遣先ができるような記載も避けるべきです。

3　その他の具体的な場面に応じた留意点

（1）　情報の共有

第三者に対して個人データを提供する場合、原則として本人の同意が必要となりますが、自社の業務に従事する派遣労働者や出向者については、組織内の従業者といえ、通常であれば第三者には該当しないと考えられます。

また、個人データの委託に伴って個人データを提供する場合であれば、その提供先は第三者とはならないため（個情27⑤一）、自社が委託等している業務に関して、委託先の従業員に個人データを共有する場合、本人の同意は不要となります。

（2）　モニタリング

派遣労働者や出向者は、派遣先や出向先の指揮命令権に服していることから、正規雇用の従業員と同様の方法であれば、派遣先等が、情

報管理のためにPC等のモニタリングをすることは特段問題ないと考えられます。

他方で、委託先の従業員に対するモニタリングについては、委託元が業務状況等を管理していると評価され、偽装請負となるおそれもあることから、その必要性を十分に検討するとともに、実施するとしても必要最小限度の範囲にとどめることが考えられます。この点に関連して、一般社団法人情報サービス産業協会（JISA）の「情報サービス産業における適正な業務委託契約運用のためのガイドライン」（平成28年3月29日）では、「情報セキュリティの目的で管理ツールを受注者と共有している場合、そのログ分析を通じ、セキュリティ以外の作業管理に介入してはならない」との留意点が示されています。

いずれにせよ、モニタリングを実施する場合、対象者のプライバシーや個人情報の保護等に関わるため、派遣元、出向元や委託先との間で、モニタリングの具体的な実施方法や対象者への周知方法等をあらかじめ取り決めておくべきでしょう。このほか、モニタリングにおける一般的な留意事項についてはQ31を参照してください。

（3） 使用機材等の貸与・指定等

自社の業務遂行に必要なPC等を派遣労働者等に貸与することがありますが、委託先の従業員に無償で必要な機材等を貸与する場合には、①委託先が自らの責任と負担で材料・資材を準備等し、業務を処理するか、②委託先が自ら行う企画又は専門的な技術・経験に基づいて業務を処理する実態がなければ、偽装請負になるおそれがあります。

また、自社の業務のために使用する機材等を指定すること自体は通常問題ありませんが、セキュリティ対策等に関し、委託先に過度な要請をした場合、独占禁止法や下請法に違反するおそれがあります。例えば、自社が委託先との関係で優越的地位にある場合や親事業者に該当する場合に、後述のような行為例は、独占禁止法や下請法に違反す

るおそれがあるとされています。この関係では、より詳細な具体例としては、公正取引委員会と経済産業省が公表した「サプライチェーン全体のサイバーセキュリティ向上のための取引先とのパートナーシップの構築に向けて」（令和4年10月28日）や経済産業省の「情報通信機器産業における下請適正取引等の推進のためのガイドライン」（平成19年6月（令和3年12月改訂））、「情報サービス・ソフトウェア産業における下請適正取引等の推進のためのガイドライン」（平成19年6月策定（平成31年3月改訂））等が参考になります。

　いずれにせよ、情報管理に必要なセキュリティ対策等の要請を新たにするような場合は、事前に委託先と十分な協議等を行い、委託先の同意を得るようにするのがよいでしょう。この点については、独立行政法人情報処理推進機構のウェブサイト「プラクティス・ナビ」には、委託先企業とのセキュリティ体制の構築例等が掲載されており、参考になります。

<独占禁止法や下請法違反のおそれがある行為例>
・サイバーセキュリティ対策の要請を行い、サイバーセキュリティ対策の実施によって取引の相手方に生じるコスト上昇分を考慮することなく、一方的に著しく低い対価を定める場合（優越的地位の濫用（独占禁止2⑨五等）、買いたたき（下請4①五））
・セキュリティ対策費などの名目で金銭の負担を要請し、当該セキュリティ対策費の負担額及びその算出根拠等について、取引の相手方との間で明確になっておらず、取引の相手方にあらかじめ計算できない不利益を与えることとなる場合や、取引の相手方が得る直接の利益等を勘案して合理的であると認められる範囲を超えた負担となり、取引の相手方に不利益を与える場合（優越的地位の濫用、不当な経済上の利益の提供要請（下請4②三））
・サイバーセキュリティ対策の実施の要請に際して、合理的な必要性がないにもかかわらず、自己の指定する商品の購入や役務の利用を強制する場合（優越的地位の濫用、購入・利用強制（下請4①六））

（4） 教育訓練の実施

派遣労働者や出向者については、派遣先や出向先の指揮命令権に服していることから、通常の従業員と同様に情報管理に必要な研修等の教育訓練を行うことができます。ただし、派遣労働者は、派遣契約で定められた範囲で派遣先の指揮命令を受けるにすぎないため、当該範囲を超える教育訓練を受けさせる場合、派遣元や派遣労働者の承諾等が必要と考えられます。

また、請負・業務委託の場合は、偽装請負となるおそれがあるため、委託元が一方的に教育訓練を行うことは控えるべきです。委託元が実施する研修等に委託先の従業員を参加させるような場合も、まずは委託先側での実施の可否を検討すべきでしょう。仮に委託元側で必要な研修等を実施するとしても、委託先の責任者を通じて調整する等、委託先の独立性が損なわれないように留意する必要があります。

（5） 懲戒処分

派遣先や委託元は、派遣労働者や委託先の従業員との間に雇用関係がないため、懲戒処分を行う権限もないと考えられています。

出向者については、懲戒解雇のような労働契約を消滅させる処分以外であれば、出向契約で就業規則の適用関係が明示されていなくとも、基本的には、出向先が自らの就業規則に基づき懲戒処分を行うことができると考えられます。もっとも、同一の事案について2回以上懲戒処分を行うことはできないと解釈されており、出向元と出向先の両者が懲戒処分を行うと、その効力に疑義が生じるおそれがあります（東京地決平10・2・6労判735・47）。そのため、懲戒処分の実施にあたっては、事前に出向元と出向先で協議等をしておくべきでしょう。

（6） 内部通報・不正調査

雇用関係のある従業員の場合、自社における法令違反行為等を認識した場合に会社に申告をする義務が認められることがあり（福岡地小倉

支判平10・9・11労判759・72)、不正調査の際の協力義務についても、一定の範囲であれば認められることに争いはありません（最判昭52・12・13判時873・12）。派遣労働者や委託先の従業員については、派遣先等との間に雇用関係がないことから、上記のような協力義務等は観念できず、契約で定めていない限り、当然には内部通報や不正調査への協力を義務付けることはできないと考えられます。

　なお、常時使用する従業員が300人を超える事業者については、正規雇用の従業員はもとより、派遣労働者や出向者、さらには、請負契約その他の継続的な役務提供契約等の委託先の従業員等からの公益通報について、適切に対応するための必要な体制の整備等が義務付けられています（公益通報11②④、公益通報者保護法第11条第1項及び第2項の規定に基づき事業者がとるべき措置に関して、その適切かつ有効な実施を図るために必要な指針（令3・8・20内閣府告118））。

（7）　情報漏えい等の損害負担

　派遣労働者、出向者や委託先の従業員によって情報漏えい等が生じ、損害が発生した場合の最終的な負担者については、派遣契約等の当事者間の契約に定めがある場合は、当該定めによることになります。損害負担に関して明確な定めがない場合には、特に派遣元や出向元に対する損害賠償請求が十分に認められない可能性があります。そのため、労働者派遣においては、次のような条項が定められることが一般的です。

第〇条（損害賠償責任）
1．派遣業務に関して、派遣労働者が故意又は過失により派遣先に損害を与えた場合、派遣元は派遣先に対しその損害の賠償責任を負う。
2．前項の場合において、派遣労働者の故意又は過失と派遣先の指揮命令等の双方に起因する場合、派遣先及び派遣元は、協議して損害の負担割合を決定する。

ただし、実務上、派遣元の意向を受け、派遣元の責任を派遣労働者の故意又は重過失に限定することも多くあり、派遣先の指揮命令等に起因する場合は派遣元の負担としない旨が定められることもあります。

また、出向に関しては、出向者の法令違反等による出向先の損害を出向元が補償することが出向契約に定められていたものの、出向元の過失を考慮し、出向元の賠償責任を限定解釈した裁判例もある（名古屋高判平26・2・13金判1444・30）ことに留意すべきです。

---

advice

〇実務上の対応

　労働者派遣、出向、請負・業務委託等については、労務従事者との雇用関係や指揮命令権の帰属がそれぞれ異なるため、情報管理にあたって留意するポイントも異なります。労働者派遣、出向、請負・業務委託の具体的な違いを理解するとともに、それぞれの特徴を踏まえ、正規雇用の従業員と同様の方法での管理が難しい事項と同様の方法での管理が可能な事項を整理し、必要に応じて個別具体的な配慮をすべきでしょう。

參考書式

1 就業規則（秘密保持条項）

第○条（遵守事項）
従業員は、次の各号に定める事項を守らなければならない。
（1） 従業員は、秘密情報管理規程に従い、秘密情報の取扱いを遵守しなければならないこと。
（2） 会社の内外を問わず、在職中、又は退職若しくは解雇によりその資格を失った後も、会社の秘密情報を、不正に開示したり、不正に使用したりしないこと。
（3） 従業員は、在職中及び退職後1年間、会社と競合する他社に就職し、また競合する事業を営まないこと。
（4） 退職時に、会社から貸与されたパソコンや携帯電話等、会社から交付を受けた資料（紙、電子データ及びそれらが保存されている一切の媒体を含む。）を全て会社に返却すること。
（5） 会社の諸規則に違反する出版、又は講演などを行わないこと。
（6） 会社の許可なく、立入禁止区域に立ち入り、又は業務外の事由で自己の職場以外に立ち入り、若しくは会社の施設・敷地を利用しないこと。
（7） 会社の許可なく、会社の秘密情報を無断で社外に持ち出さないこと。
（8） 業務上知った会社の秘密情報を使用し、在職中又は退職後においてその公表前に直接若しくは間接的に関連株式の売買を行わないこと。

（経済産業省「秘密情報の保護ハンドブック～企業価値向上に向けて～」（平成28年2月（令和6年2月最終改訂）））

2 秘密情報管理規程

第1章　総　　則

第1条（目的）
　この規程は、情報の管理に関して必要な事項を定め、もって秘密情報の適正な管理及び活用を図ることを目的とする。

第2条（適用範囲）
　この規程は、役員及び従業員（以下「従業員等」という。）に適用されるものとする。

第3条（定義）
　この規程において各用語の定義は、次に定めるところによる。
① 「秘密情報」とは、会社が保有する情報のうち、第7条の規定により、秘密として保持すべきと決定した情報、又は同条の規定による秘密として保持すべきと決定をしていない情報であって、当該情報の内容、性質及び管理態様等から秘密であることを認識できる情報をいう。
② 「文書等」とは、文書、図画、写真、ストレージ（フラッシュメモリ（SSD、USBメモリ、SDカードなど）、光学ディスク（CD、DVD、ブルーレイディスクなど）、磁気ディスク（ハードディスクなど））（以下「ストレージ」という。）等の記録媒体に情報を記載又は記録したものをいう。
③ 「電子化情報」とは、ストレージやオンラインストレージ（クラウドサービス等）に電磁的に記録される情報であって、情報システムによって処理が可能な形態にあるものをいう。
④ 「物件」とは、物品、製品、設備その他の文書等以外のものをいう。

第4条（秘密情報の分類）
　秘密情報として管理するため、次のとおり分類を定める。
① 極秘　　これを他に漏らすことにより会社が極めて重大な損失若

しくは不利益を受ける、又はそのおそれがある秘密情報であり、原則として指定された者以外には開示してはならないもの。
② 社外秘　極秘以外の秘密情報であり、原則として社内の者以外には開示してはならないもの。

第2章　秘密情報の管理体制

第5条（管理責任者）
1．会社の秘密情報の管理を統括するため、秘密情報の管理に係る統括責任者（以下「統括責任者」という。）を置く。統括責任者は、役員の中から取締役会の指名により決定する。
2．各部門長及び各部門内の業務分掌単位の長は、それぞれ秘密情報管理責任者（以下「管理責任者」という。）として、本規程に定めるところにより、所管する部門及び業務分掌単位における秘密情報の管理の任にあたる。

第6条（秘密情報管理委員会）
1．本規程の改定並びに第4条に規定する秘密情報の分類に応じた情報漏えい対策を定める規程（以下「秘密情報管理基準」という。）の策定及び改定を行うため、秘密情報管理委員会（以下「委員会」という。）を設ける。
2．委員会は、統括責任者を委員長とし、各部門長を委員とする。
3．委員会は、第14条に定める監査結果を受け、本規程及び秘密情報管理基準の改定の必要性について検討を行い、その結果を踏まえて必要な措置を講じるものとする。
4．委員会の運用に関する細則（以下「委員会運用細則」という。）は、別途定める。

第7条（指定）
1．管理責任者は、別途定めるところにより、会社が保有する情報について、秘密情報として指定するとともにその秘密情報の分類を指定し、その秘密保持期間及びアクセスすることができる者（以下「アクセス権者」という。）の範囲を特定するものとする。

2．管理責任者は、前項により指定された情報を含む文書等、電子化情報及び物件に、秘密情報である旨を明示する。
3．管理責任者は、第1項により指定された情報について、日時の経過等により秘密性が低くなり、又は秘密性がなくなった場合においては、その都度、秘密情報の分類の変更又は秘密情報の指定の解除を行うものとする。

第8条（秘密情報の取扱い）
　従業員等は、本規程及び秘密情報管理基準に従い秘密情報を取り扱わなければならない。

第3章　従業員等

第9条（申告）
　従業員等は、業務の過程で秘密情報として指定された情報の範囲に含まれるものを取得し、又は創出した場合は、遅滞なくその内容を管理責任者に申告するものとし、管理責任者は第7条第1項に従い秘密情報の分類を指定するものとする。

第10条（秘密保持義務）
1．従業員等は、管理責任者の許可なく、秘密情報をアクセス権者以外の者に開示してはならない。
2．従業員等は、管理責任者の許可なく、秘密情報を指定された業務以外の目的で使用してはならない。

第11条（誓約書等）
1．従業員等は、秘密情報管理基準に定める様式により、秘密保持を誓約する書面を管理責任者に提出するものとする。
2．入社前に他の職場において第三者の秘密情報に接していたと判断される従業員等は、配属先の管理責任者が必要と認めるときは、入社時に管理責任者又は統括責任者による面接を受け、個別の誓約書その他秘密情報管理基準に定める書面を会社に提出するものとする。

第12条（退職者）
1．従業員等は、その身分を失った後においても、第10条第１項に定める秘密保持義務を遵守しなければならない。
2．管理責任者は、従業員等が退職する際、当該従業員等が在職中に知り得た秘密情報を特定するなど、当該従業員等が負う秘密保持義務等の内容を確認するものとする。
3．従業員等は、退職時に、文書等又は物件を社外に持ち出してはならず、また自己の保管する文書等又は物件を全て会社に返還しなければならない。
4．従業員等は、退職時に、自己の文書等に記録等された秘密情報を消去するとともに、消去した旨の誓約書（自己の文書等に秘密情報が記録等されていないときは、その旨の誓約書）を管理責任者に提出しなければならない。
5．従業員等は、退職後において、前２項に定める文書等、物件、又は秘密情報のうちで、過失により返還又は消去していないものを発見した場合には、速やかに前２項に定める措置を講じるものとする。

第13条（教育）
　管理責任者は、従業員等に対してこの規程の内容を周知徹底させるため適切な教育を行い、従業員等の秘密情報の管理に関する意識の高揚、維持に努めるものとする。

第14条（監査）
1．管理責任者は、本規程を遵守し、秘密情報を管理するため、所管する部門や業務分掌単位における監査を行い、その結果を統括責任者に報告するものとする。
2．従業員等は、前項の監査に誠実に協力しなければならない。

　　　　　　　　　第４章　社外対応

第15条（秘密情報の開示を伴う契約等）
　アクセス権者は、人材派遣会社、委託加工業者、請負業者等の第三者に対し、会社の業務に係る製造委託、業務委託等をする場合、又は、実施許諾、共同開発その他の秘密情報の開示を伴う取引等を行う場合、当

該会社との契約において相手方に秘密保持義務を課すほか、秘密保持に十分留意するものとする。

第16条（第三者の情報の取扱い）
1．従業員等は、第三者から情報の開示を受ける場合、当該情報を秘密として取り扱うべきか否か、及び当該情報の開示につき、当該第三者が正当な権限を有することの確認をしなければならない。
2．前項に定める場合において、従業員等は、当該第三者が正当な権限を有しないとき又は正当な権限を有するか否かにつき疑義のあるときには、当該情報の開示を受けてはならない。
3．従業員等は、第１項により開示を受ける情報については、当該第三者との間で、その使用又は開示に関して会社が受ける制約条件を明確にしなければならない。
4．第１項により開示を受けた情報を使用又は開示する場合は、前項の会社が受ける制約条件に従うものとし、当該情報は会社の秘密情報と同等に取り扱うものとする。

第17条（外来者・見学）
　事業場長は、必要に応じ、統括責任者の同意を得て、外来者への応対、施設の見学等に関する運用手続（秘密保持契約の締結、立入禁止区域の設定その他の秘密保持のための措置に関する記載を含む。）を定めるものとする。

第５章　雑　　則

第18条（罰則）
　従業員等が故意又は重大な過失により、この規程に違反し、就業規則に定める各種懲戒に該当する場合は、同規則により措置される。

（経済産業省「秘密情報の保護ハンドブック～企業価値向上に向けて～」（平成28年２月（令和６年２月最終改訂）））

3　入社時誓約書

秘密保持に関する誓約書

この度、私は、貴社に採用されるにあたり、下記事項を遵守することを誓約いたします。

記

第1条（在職時の秘密保持）
　貴社就業規則及び貴社秘密情報管理規程を遵守し、次に示される貴社の秘密情報について、貴社の許可なく、不正に開示又は不正に使用しないことを約束いたします。
　①　製品開発に関する技術資料、製造原価及び販売における価格決定等の貴社製品に関する情報
　②　〔以下略〕

第2条（退職後の秘密保持）
　前条各号の秘密情報については、貴社を退職した後においても、不正に開示又は不正に使用しないことを約束いたします。退職時に、貴社との間で秘密保持誓約書を作成することに同意いたします。

第3条（損害賠償）
　前2条に違反して、第1条各号の秘密情報を不正に開示又は不正に使用した場合、法的な責任を負担するものであることを確認し、これにより貴社が被った一切の被害を賠償することを約束いたします。

第4条（第三者の秘密情報）
1．第三者の秘密情報を含んだ媒体（文書、図画、写真、USBメモリ、DVD、ハードディスクドライブその他情報を記載又は記録するものをいう。）を一切保有しておらず、また今後も保有しないことを約束いたします。

2．貴社の業務に従事するにあたり、第三者が保有するあらゆる秘密情報を、当該第三者の事前の書面による承諾なくして貴社に開示し、又は使用若しくは出願（以下「使用等」という。）させない、貴社が使用等するように仕向けない、又は貴社が使用等しているとみなされるような行為を貴社にとらせないことを約束いたします。

第5条（第三者に対する秘密保持義務等の遵守）
　貴社に入社する前に第三者に対して秘密保持義務又は競業避止義務を負っている場合は、必要な都度その旨を上司に報告し、当該秘密保持義務及び競業避止義務を守ることを約束いたします。

第6条（創出等した情報の報告及び帰属）
1．貴社により秘密情報として指定された情報の範囲に含まれるものについて、その創出又は取得に関わった場合には、遅滞なくその内容を貴社に報告します。
2．前項の情報については、私がその創出又は取得に携わった場合であっても、貴社業務上作成したものであることを確認し、当該情報の帰属が貴社にあることを確認いたします。また当該情報について私に帰属する一切の権利を貴社に譲渡し、その権利が私に帰属する旨の主張をいたしません。

以上

令和　　年　　月　　日
株式会社
代表取締役（社長）　　　　　殿

　　　　　　　　　　　　　　　　住　所
　　　　　　　　　　　　　　　　氏　名

（経済産業省「秘密情報の保護ハンドブック～企業価値向上に向けて～」（平成28年2月（令和6年2月最終改訂）））

4　退職時誓約書

秘密保持誓約書

　私は、　　年　　月　　日付にて、一身上の都合により、貴社を退職いたしますが、貴社秘密情報に関して、下記の事項を遵守することを誓約いたします。

記

第1条（秘密保持の確認）
　私は貴社を退職するにあたり、次に示される貴社の秘密情報に関する一切の資料、媒体等（文書、図画、写真、USBメモリ、DVD、ハードディスクドライブその他情報を記載又は記録するものをいう。）について、原本はもちろん、そのコピー及び関係資料等を、直ちに貴社に返還、消去又は廃棄し、その情報を自ら保有していないことを確認いたします。
　① 製品開発に関する技術資料、製造原価及び販売における価格決定等の貴社製品に関する情報
　② 〔以下略〕

第2条（退職後の秘密保持の誓約）
　貴社に対して誓約した入社時の「秘密保持に関する誓約書」に記載された事項及び就業規則その他の貴社の諸規則に定めのある事項のうち、退職後も義務を負う事項についてはこれを正しく認識し、退職後も誠実に遵守すること。特に、前条各号に掲げる貴社の秘密情報を、貴社退職後においても、不正に開示又は不正に使用しないことを約束いたします。

第3条（秘密情報の帰属）
　第1条各号の秘密情報は貴社に帰属することを確認いたします。また当該秘密情報に関し、私に帰属する一切の権利を貴社に譲渡し、貴社に対し当該秘密情報が私に属している旨の主張を行いません。

第4条（契約の期間、終了）

　本契約は、○○年間有効とします。ただし、第1条各号の秘密情報が公知となった場合は、その時点をもって、当該公知となった秘密情報についての本契約第2条の義務は終了することとします。

以上

令和　　年　　月　　日
株式会社
代表取締役（社長）　　　　　殿

　　　　　　　　　　　　　　　　　　　住　所
　　　　　　　　　　　　　　　　　　　氏　名

（経済産業省「秘密情報の保護ハンドブック～企業価値向上に向けて～」（平成28年2月（令和6年2月最終改訂）））

編著者・執筆者略歴

≪編著者≫
末　啓一郎

　ブレークモア法律事務所　弁護士
　第一東京弁護士会労働法制委員会基礎研究部会元部会長
　東京大学法学部卒業、ルーバン・カソリック大学（ベルギー）法学部大学院卒業、コロンビア大学（ニューヨーク）ロー・スクール、法学博士、ニューヨーク州弁護士
　『テレワーク導入・整備の法的アプローチ〔改訂新版〕』（経団連出版、2024年）

安藤　広人

　ファイ法律事務所　弁護士
　第一東京弁護士会総合法律研究所IT法研究部会元部会長
　東京大学法学部卒業、情報処理安全確保支援士
　『データ戦略と法律〔改訂版〕』（日経BP、2021年）

≪執筆者≫　※五十音順
東　志穂

　第一芙蓉法律事務所　弁護士
　第一東京弁護士会労働法制委員会外国労働法関係部会副部会長
　早稲田大学法学部卒業
　日本労働法学会会員、経営法曹会議会員

池邊　祐子

　中山・男澤法律事務所　弁護士
　第一東京弁護士会労働法制委員会基礎研究部会副部会長
　一橋大学法学部卒業、慶応義塾大学大学院法務研究科修了
　経営法曹会議会員

犬飼　貴之
　　長島・大野・常松法律事務所　弁護士
　　第一東京弁護士会総合法律研究所IT法研究部会員
　　早稲田大学基幹理工学部情報理工学科卒業、早稲田大学基幹理工学研究科情報理工・情報通信専攻中退
　　情報処理安全確保支援士、電気通信主任技術者（伝送交換）、工事担任者（総合通信）

内田　靖人
　　ファイ法律事務所　弁護士
　　第一東京弁護士会労働法制委員会委員
　　東京大学法学部卒業
　　経営法曹会議会員、東京労働局東京紛争調整委員会調停委員・あっせん委員（2020年４月〜）

河本　秀介
　　敬和綜合法律事務所　弁護士
　　第一東京弁護士会総合法律研究所IT法研究部会員
　　東京大学法学部卒業
　　三菱重工業株式会社に入社、４年間の勤務を経て平成19年弁護士登録

小山　博章
　　第一芙蓉法律事務所　弁護士
　　第一東京弁護士会労働法制委員会基礎研究部会副部会長
　　日本労働法学会会員、経営法曹会議会員

櫻井　駿
　　光和総合法律事務所　弁護士
　　第一東京弁護士会総合法律研究所IT法研究部会員
　　中央大学法学部卒業、中央大学法科大学院修了
　　情報処理安全確保支援士

島﨑　政虎
　　半蔵門総合法律事務所　弁護士
　　第一東京弁護士会総合法律研究所IT法研究部会員
　　早稲田大学法学部卒業、千葉大学大学院専門法務研究科修了
　　東京簡易裁判所調停官（非常勤裁判官　2018年～2022年）、公益社団法人世田谷法人会常任理事

中崎　隆
　　弁護士
　　第一東京弁護士会総合法律研究所IT法研究部会元部会長
　　『詳説　犯罪収益移転防止法〔第3版〕』（2023年）、『データ戦略と法律〔改訂版〕』（日経BP、2021年）

永田　充
　　弁護士法人ピクシーダ福岡オフィス　弁護士
　　福岡県弁護士会労働法制委員会委員
　　西南学院大学経済学部卒業、福岡大学法科大学院修了
　　経営法曹会議会員

中山　達夫
　　中山・男澤法律事務所　弁護士
　　第一東京弁護士会労働法制委員会基礎研究部会副部会長
　　早稲田大学法学部卒業、慶應義塾大学大学院法務研究科修了
　　経営法曹会議会員

丸田　颯人
　　長島・大野・常松法律事務所　弁護士
　　第一東京弁護士会総合法律研究所IT法研究部会員
　　大阪大学法学部卒業
　　情報処理安全確保支援士登録
　　2023年経済産業省「令和5年度デジタル取引環境整備事業」（AIガバナンスのルールに関する調査研究及び検討会運営）有識者検討委員会委員（AI事業者ガイドラインワーキンググループ委員）

持田　大輔
　　五常総合法律事務所　弁護士
　　第一東京弁護士会総合法律研究所IT法研究部会員
　　早稲田大学法学部卒業、早稲田大学大学院法務研究科修了
　　『民間事業者向け わかりやすい個人情報保護法ガイド』（ビジネス教育出版社、2024年）

山本　佑
　　フォーサイト総合法律事務所　弁護士
　　第一東京弁護士会総合法律研究所IT法研究部会員
　　慶應義塾大学法学部法律学科卒業、慶應義塾大学大学院法務研究科修了
　　経営法曹会議会員

Q&A
IT化社会における企業の情報労務管理の実務

令和6年11月8日 初版発行

編 著　末　　啓 一 郎
　　　　安　藤　　広　人

発行者　河　合　誠 一 郎

発 行 所　新 日 本 法 規 出 版 株 式 会 社

本　　　社
総轄本部　(460-8455)　名古屋市中区栄1－23－20
東 京 本 社　(162-8407)　東京都新宿区市谷砂土原町2－6
支社・営業所　札幌・仙台・関東・東京・名古屋・大阪・高松
　　　　　　広島・福岡
ホームページ　https://www.sn-hoki.co.jp/

【お問い合わせ窓口】
新日本法規出版コンタクトセンター
☎ 0120-089-339（通話料無料）
●受付時間／9：00～16：30（土日・祝日を除く）

※本書の無断転載・複製は、著作権法上の例外を除き禁じられています。
※落丁・乱丁本はお取替えします。
5100334　企業情報労務管理　　ISBN978-4-7882-9381-6
　　　　　　　　　　　　　　Ⓒ末啓一郎 他 2024 Printed in Japan